Tobias Scholl | Isabella Jukas | Mirella Malkusch

Einführung Hanja

Einführungen in fremde Schriften

Arabisch

Arabisch-persisch

Armenisch

Bengālī

Chinesisch

Devanāgarī

Donauschrift

Georgisch

Griechisch

Gujarātī

Gurmukhī

Hebräisch

Hieroglyphen

Koreanisch (Hanja)

Mongolisch

Oṛiā

Thailändisch

BUSKE

Tobias Scholl | Isabella Jukas |
Mirella Malkusch

Einführung Hanja

BUSKE

Tobias Scholl promovierte im Fach Koreanistik und unterrichtete u. a. in China und Korea Deutsch als Fremdsprache. Gegenwärtig lehrt und forscht er als wissenschaftlicher Mitarbeiter an der Universität Tübingen im Fachbereich Koreanistik.

Isabella Jukas arbeitet als wissenschaftliche Mitarbeiterin an der Abteilung für Koreanistik in Tübingen. Gleichzeitig promoviert sie zum Thema Außenbeziehungen Nordkoreas.

Mirella Malkusch studierte an der Universität Tübingen Koreanistik und Japanologie und beschäftigte sich in ihrer Abschlussarbeit mit auf deutsche Muttersprachler ausgerichtetem Hanja-Unterricht.

Bibliografische Information der Deutschen Nationalbibliothek

Die Deutsche Nationalbibliothek verzeichnet diese Publikation in der Deutschen Nationalbibliografie; detaillierte bibliografische Daten sind im Internet über ‹https://portal.dnb.de› abrufbar.

ISBN 978-3-87548-948-4

Unterstützt durch die Academy of Korean Studies im Rahmen des „Tübingen Global Korea Project“ (AKS-2016-OLU-2250003).

 Umschlaggestaltung: QART Büro für Gestaltung, Hamburg. Druck und Bindung: Printing Solutions, Viborg. Printed in Denmark.

Inhalt

Vorwort

Das Lehrwerk vermittelt Schreib- und Lesekompetenz von über 200 chinesischen Schriftzeichen im Koreanischen und soll zum selbstständigen Umgang mit den Schriftzeichen verhelfen. Hierzu ist das Buch in drei Teile aufgeteilt. Der erste Teil dient als Einführungskapitel zur Vermittlung eines groben geschichtlichen Überblicks sowie der Heranführung an Aufbau, Schreibweise und Lesung der Hanja. Der zweite Teil besteht aus 15 thematisch geordneten Lektionen mit je 15 zu erlernenden Schriftzeichen. Neben den lexikalischen Informationen werden zu jedem Zeichen mehrere Wortbeispiele angeführt, die der Lernende an dieser Stelle des Buches bereits vollständig in Hanja lesen und schreiben kann. Auf diese Weise gewährt das Buch einen Einblick in die Wortbildung der koreanischen Sprache und vermittelt zusätzlich Vokabular auf fortgeschrittenem Niveau. Mit den Übungen des dritten Teils wird der Inhalt aller Lektionen aufgearbeitet und wiederholt. Gleichzeitig bereiten die Übungen den Lernenden auf den Umgang mit unbekannten Zeichen vor und machen ihm Texte im gemischten Schreibsystem zugänglich.

Dieses Buch ist im Rahmen und mit finanzieller Unterstützung des Tübingen Global Korea Projects des *Academy of Korean Studies Core University Program for Korean Studies* entstanden. Zu besonderem Dank sind die Autoren Prof. Dr. You Jae Lee, Sunhae Shin, Gwangsoon Lim, Sora Jon sowie Axel Kopido und Michael Hechinger vom Buske Verlag verpflichtet.

Tübingen, Februar 2019

Einführung

Hanja in Korea

Die chinesische Schrift gehört zu den ältesten Schreibsystemen der Welt. Die ältesten Zeugnisse von chinesischen Schriftzeichen (Hanja) gehen bis auf die Zeit um 1600 v. Chr. zurück. Noch heute wird in China, Taiwan, Singapur und Japan mit ihnen geschrieben. In anderen Nachbarländern Chinas wie Vietnam und Korea galt in der Vergangenheit Chinesisch als Beamtensprache. Entsprechend wurden dort Hanja lange Zeit verwendet.

Im Alltag des heutigen Koreas finden sich chinesische Schriftzeichen nur noch gelegentlich, etwa in Zeitungen oder auf Schildern historischer Bauwerke. Grund hierfür ist die Tatsache, dass sich das Silbenalphabet Hangŭl als Schrift durchgesetzt hat. Trotz des hohen Alters der „koreanischen Schrift" (Hangŭl, 韓글) ist die Verdrängung der „chinesischen Schrift" (Hanja, 漢字) aus dem koreanischen Alltag ein jüngeres Phänomen. Erst Ende des 19. Jahrhunderts begann sich Hangŭl als nationale Schrift und Symbol der nationalen Eigenständigkeit gegenüber der chinesischen Schrift zu etablieren. Angestoßen wurde dieser Prozess insbesondere durch die von 1896 bis 1899 herausgegebene Unabhängigkeitszeitung (*Tongnip sinmun*), deren Texte komplett in Hangŭl verfasst und somit auch für die koreanische Unterschicht zugänglich waren. Schon im 14. Jahrhundert wurden die ursprünglich 28 Schriftzeichen des Hangŭl von König Sejong erfunden, damit sie „für jedermann leicht zu erlernen und bequem im Alltag anzuwenden sind" (*Die richtigen Laute zur Unterweisung des Volkes (Hunmin Chŏngŭm), 1446*). Die gebildete Oberschicht schrieb jedoch bis dato weiterhin auf Chinesisch (sog. *Hanmun)* und in chinesischen Schriftzeichen. Für sie galt Hangŭl als „Schrift der Frauen" oder „Schrift der Kinder".

Aufgrund unzureichender Quellenlage ist nicht genau festzustellen, wann die chinesischen Schriftzeichen auf die koreanische Halbinsel gelangten. Archäologische Funde belegen, dass chinesische Schriftzeichen bereits einige Jahrhunderte vor Christus bekannt waren. Dennoch wird vermutet, dass sich das Schreiben mit den Schriftzeichen erst nach 108 v. Chr. mit der Einrichtung der vier Han-Kommandanturen in großem Umfang in den koreanischen Reichen durchsetzte (vgl.: Hanja = wörtl.: Zeichen Han-Chinas). Von Korea aus gelangten die chinesischen Schriftzeichen nach Japan. So wird der Gelehrte Wang In, der im vierten Jahrhundert mit dem „Tausend-Zeichen-Text“ und Abschriften der Analekten des Konfuzius nach Japan gegangen sein soll, mit der Verbreitung der chinesischen Schriftzeichen in Japan in Verbindung gebracht.

Bis zur Erfindung von Hangŭl brachte der Gebrauch der chinesischen Schriftzeichen jedoch das Problem mit sich, dass sich mit ihnen kein Koreanisch festhalten ließ. Um Abhilfe zu schaffen, wurde ab dem siebten Jahrhundert als zusätzliches Schreibsystem *Idu* (wörtl.: Beamtenlesung) genutzt. Mithilfe von speziellen Schriftzeichen des *Idu*[1] ließ sich Koreanisch schreiben, indem die koreanischen Grammatikelemente (Partikel, Endungen) durch spezielle Hanja dargestellt wurden.

Das älteste Bespiel für das Schreiben in Koreanisch mittels *Hyangchal* (wörtl.: einheimische Notierung) findet sich zu Beginn des zehnten Jahrhunderts. Die *Hyangga* (wörtl.: einheimische Lieder) aus dem 6. bis 10. Jahrhundert sind in dieser Form verfasst. Bei diesem System wurden die chinesischen Schriftzeichen genutzt, um die koreanische Aussprache abzubilden. Die Hanja werden dabei entweder entsprechend der semantischen Bedeutung mit dem äquivalenten koreanischen Wort oder rein auf den lautlichen Charakter reduziert gelesen (vgl. *hun*- und *ŭm*-Lesung).

Ebenfalls ab dem zehnten Jahrhundert wurde zum Lesen chinesischer Texte *Kugyŏl* (wörtl.: mündliche Partikel) genutzt. Der chinesische Text wird hierbei mit weiteren speziellen Schriftzeichen und Zeichen versehen, welche die Lesefolge im Koreanischen sowie koreanische Grammatikelemente angeben.

Ab Mitte des 15. Jahrhunderts konnten mit der Erfindung des Hangŭl die koreanischen Grammatikelemente recht einfach wiedergegeben werden. Ein gemischtes Schreibsystem greift für den aus dem Chinesischen stammenden Wortschatz auf Hanja zurück, während alle weiteren Wörter sowie grammatikalischen Partikel und En-

[1] In dieser Darstellung wird Idu in einem engen Sinne verstanden. Im weiten Sinne umfasst Idu auch Hyangchal und Kugyŏl.

dungen in Hangŭl geschrieben werden. Anders als in Nordkorea, wo seit der Staatsgründung 1948 Hanja nur noch eine marginale Rolle spielten, fand das gemischte Schreibsystem in Südkorea bis in die 1980er hinein (z.B. in Zeitungen und akademischen Publikationen) Verwendung.

Heute werden Hanja häufig nur noch genutzt, um die Bedeutung eines schwer verständlichen Wortes sicherzustellen oder einer Verwechslung mit einem Homonym zuvorzukommen. Nichtsdestoweniger lernen koreanische Schüler der Mittel- und Oberschule insgesamt 1800 chinesische Schriftzeichen. Dieser Umstand zeigt, welche Bedeutung Hanja unabhängig von ihrer Nutzung weiterhin für Bildung, Geschichte, Kultur, Sprache sowie Identität in Korea besitzen. Entsprechend sind Hanja-Kenntnisse auch für jeden Koreanisch-Lernenden von großem Vorteil und Nutzen: zum Lesen von und Arbeiten mit Texten im gemischten Schreibsystem, für das Verständnis der koreanischen Geschichte, Kultur und Sprache sowie zum leichteren Aneignen eines umfangreichen Wortschatzes. Die Nutzung von chinesischen Schriftzeichen hatte große Auswirkungen auf den koreanischen Wortschatz und die Wortbildung. Sino-koreanische Wörter machen ca. 60 Prozent des koreanischen Wortschatzes aus. Auch wenn Hanja zwar nicht mehr im Alltag präsent sind, so sind sie damit dennoch jederzeit allgegenwärtig und ihre Bedeutung für das Verständnis der koreanischen Sprache und Kultur ist daher nicht zu unterschätzen.

Hanja-Kategorisierung

Die ersten Schriftzeichen waren eine grobe bildliche Darstellung von Gegenständen und Objekten. Allerdings stieß man mit dieser Methode der Darstellung schnell an Grenzen. Um schnell und effizient neue Wörter und abstrakte Begriffe niederschreiben zu können, waren neue Methoden zur Zusammenstellung von Schriftzeichen nötig. Gemäß den Prinzipien ihrer Zusammenstellung werden Hanja in sechs Kategorien eingeteilt:

Piktogramme 상형 (象形)

Piktogramme sind Hanja, die ursprünglich der Gestalt des dargestellten Objektes nachempfunden sind. Im Laufe der Zeit erfuhren diese Schriftzeichen jedoch eine Vereinfachung und Abstraktion, sodass der bildhafte Charakter häufig verloren gegangen ist.

Beispiel:

→ 山 (Berg) → 馬 (Pferd) → 鳥 (Vogel)

Einfache Ideogramme 지사 (指事)

Einfache Ideogramme spiegeln Abstraktes symbolisch wieder. Ihre Form verweist auf ihre Bedeutung.

Beispiel:

一	二	三	上	下	中
(eins)	(zwei)	(drei)	(oben)	(unten)	(Mitte)

Zusammengesetze Ideogramme 회의 (會意)

Zusammengesetze Ideogramme bestehen aus mehreren bereits bestehenden Schriftzeichen, die für eine erweiterte bzw. sinnübertragende Bedeutung zu einem neuen Hanja kombiniert und zusammengeschrieben werden.

Beispiel:

木 → 林 / 森	人 + 木 → 休
(Baum) (Hain) / (Wald)	(Mensch) + (Baum) (ausruhen)

Phonogramme 형성 (形聲)

Über 90 Prozent der Schriftzeichen gehören zur Gruppe der Phonogramme. Sie bestehen aus mehreren Schriftzeichen, wobei häufig eine Komponente Informationen zur Bedeutung und eine Komponente Informationen zur Lesung beisteuert. Durch den Wandel der Sprache ist die Lautinformation in vielen Fällen jedoch nicht mehr mit dem Ausgangszeichen identisch oder etwas abgeändert.

Beispiel:

言 말씀 언	+	己 몸 기	→	記 기록할 기
(Wort)		(Körper)		(aufschreiben)

Ableitungen 전주 (轉注)

Einige wenige Schriftzeichen wurden in ihrer ursprünglichen Bedeutung erweitert, wobei die neue Bedeutung aus der alten Bedeutung abgeleitet wurde.

Beispiel:

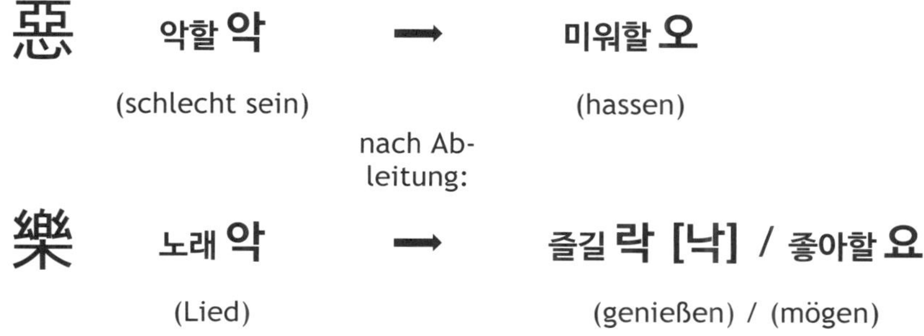

Entlehnungen 가차 (假借)

Bei Entlehnungen wurde ein bereits existierendes Schriftzeichen genutzt, um aufgrund der lautlichen Ähnlichkeit ein anderes Wort wiederzugeben. Mitunter wurde zur Unterscheidung dem alten Schriftzeichen später ein neues Radikal hinzugefügt.

Beispiel:

其 그 기 → altes Wort nun: 箕 키 기

(dies) (Getreideschwinge[2])

---

[2] Schaufelförmiger Korb, mit dem das Korn bei der Siebbewegung immer wieder in die Luft geworfen und so von der Spreu getrennt wird.

Hanja-Aufbau

Die Grundform der Hanja ist das Quadrat. Vor allem bei komplexeren Schriftzeichen ist ein wenig Übung nötig, alle Bestandteile in den richtigen Proportionen zu schreiben.

Der Überblick über den Aufbau der Hanja hilft, nicht nur die richtigen Proportionen beim Schreiben zu finden, sondern die Schriftzeichen auch im Hinblick auf deren Bestandteile zu analysieren und so Aufschluss über das Radikal, die Lesung oder die Bedeutung des Hanja zu gewinnen.

Radikale

Eine wichtige Bedeutung kommt dem Radikal (*busu*, 부수) zu, da ein Hanja in traditionellen Lexika unter den Einträgen des entsprechenden Radikals nachzuschlagen ist. Das Radikal ist ein eigenständiges Schriftzeichen oder ein grundlegender Bestandteil des Hanja (vgl. Radikalliste S. 24–27). Oft gibt es innerhalb eines Hanja mehrere Komponenten, die als mögliches Radikal fungieren können. Wird eine falsche Komponente als Radikal identifiziert, so lässt sich das gesuchte Zeichen mithilfe eines Lexikons nicht nachschlagen.

Bei zusammengesetzten Schriftzeichen spielt das Radikal besonders in der Gruppe der Phonogramme eine wichtige Rolle, da es häufig als semantische Komponente fungiert, d.h. einen Bedeutungsrahmen vorgibt. Die Position eines Radikals basiert auf keiner festen Systematik, weswegen sich ein Radikal selbst sowohl auf dem linken oder rechten, als auch oberen oder unteren Bereich eines Zeichens befinden kann. Für einige Radikale existieren vereinfachte Varianten, die innerhalb des Aufbauschemas der Hanja eine feste Position besitzen (vgl. Tabelle S. 27).

Beispiel:

Radikal 日 (Position links, rechts, oben, unten)

時 때 시
(Zeit)

旧 예 (옛) 구
(alt; alte Zeit)

昆 햇살 비칠 참
(flackerndes Sonnenlicht)

昚 성씨 계 / 밝을 계
(*Nachname* / hell sein)

Radikal 火 und gekürzte Form 灬

灯 등 등
(Lampe; Licht)

煮 삶을 자
(kochen)

Lesung

Während das Radikal in fast 90 Prozent der Fälle eine sinngebende Funktion für das Schriftzeichen trägt, sind auch die übrigen Bestandteile eines Hanja nicht komplett bedeutungslos. Häufig stellt der zweite oder ein anderer Bestandteil eine phonetische Komponente dar, d.h. er gibt die Lesung des Zeichens an oder lässt zumindest gewisse Rückschlüsse darauf zu.

Beispiel:

Gleiche Lesung

方 방 (Viereck)	→	放 방 (loslassen)	/	訪 방 (aufsuchen)
門 문 (Tor, Tür)	→	問 문 (fragen)	/	聞 문 (hören)
工 공 (Handwerk)	→	空 공 (leer sein)	/	攻 공 (angreifen)

Ähnliche Lesung

音 음 (Ton, Laut)	→	暗 암 (dunkel sein)	/	闇 암 (verbergen)
艮 간 (Grenze)	→	限 한 (Abgrenzung)	/	恨 한 (Groll)
生 생 (leben)	→	性 성 (Charakter)	/	姓 성 (Nachname)

Bei den angeführten Lesungen handelt es sich um die sino-koreanischen Lesungen (sogenannte *ŭm*-Lesung). Daneben gibt es auch eine rein koreanische Lesung (*hun*-Lesung), die die Bedeutung des Schriftzeichens angibt und bei der Unterscheidung gleichlautender Schriftzeichen hilft.

Beispiel:

Ähnlich wie im Chinesischen und anders als im Japanischen besitzt ein Hanja in der Regel nur eine *ŭm*-Lesung. Ausnahmen sind insbesondere Hanja, die mittels Ableitung eine Bedeutungserweiterung erfuhren.

Beispiel:

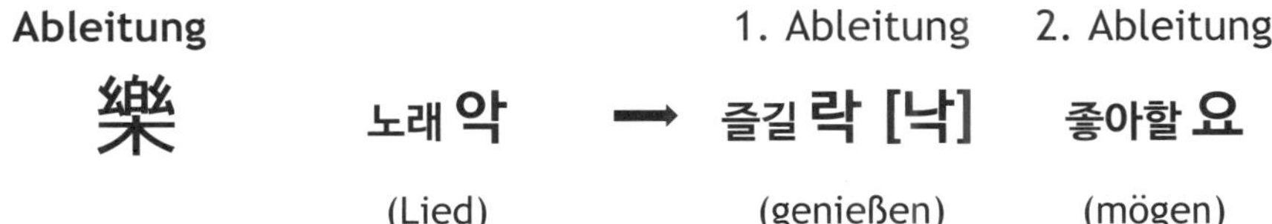

Unterschiedliche Lesungen ergeben sich zudem aufgrund der Sprachentwicklung und Position des Zeichens innerhalb des Wortes. Am Wortanfang werden einige Hanja in Nord- und Südkorea unterschiedlich gelesen. In Südkorea findet bei ㄴ und ㄹ am Wortbeginn eine Lautverschiebung statt. Während der ursprüngliche Laut ㄴ entfällt, ist bei ㄹ darüber hinaus eine Lautverschiebung zu ㄴ möglich. In Nordkorea bleiben diese Laute unverändert und werden in dieser ursprünglichen Form gelesen und geschrieben.

Beispiel:

Sprachentwicklung / Position			Südkorea	Nordkorea
勞	일할 로 [노] (arbeiten)	→	로 [노]	로
daher:	勞動 (Arbeit)	→	노동	로동
daher:	過勞 (Überanstrengung)	→	과로	과로
歷	지날 력 [역] (vergehen)	→	력 [역]	력
daher:	歷史 (Geschichte)	→	역사	력사
daher:	學歷 (Schulbildung)	→	학력	학력

Strichfolge

Grundsätzlich gilt:

1. Geschrieben wird von oben nach unten.

2. Von links nach rechts.

3. Kreuzen sich zwei Striche, dann wird erst der horizontale und danach der vertikale Strich gesetzt.

4. Sind linker und rechter Strich identisch, wird zunächst der mittlere Strich gesetzt, dann erst die beiden symmetrischen Flügel.

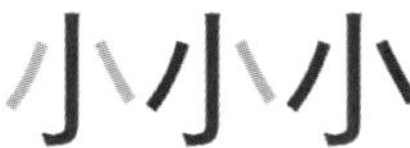

5. Kreuzt ein Strich andere Striche durch die Mitte, so wird der vertikale Strich als Letztes gesetzt.

6. Der äußere Rahmen kommt zuerst, doch die unterste Linie zum Schluss.

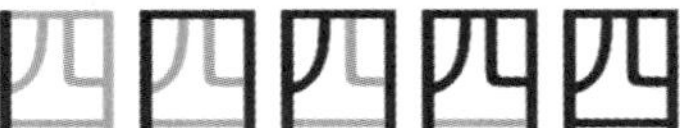

7. Wenn ein Strich die übrigen von links nach rechts durchkreuzt, wird der horizontale Strich zuletzt gesetzt.

8. Kleinere Striche werden zum Schluss gesetzt.

Die Größe eines jeden Schriftzeichens steht in gleichbleibendem Verhältnis zu den anderen und ist unabhängig von der Komplexität des Zeichens.

Nachschlagen von Hanja

Radikale, Lesungen, Gesamtstrichzahl und Strichfolge sind von großer Bedeutung, wenn es nötig ist, ein unbekanntes Hanja in einem Schriftzeichenlexikon nachzuschlagen. Viele Lexika ordnen die Hanja nach Radikalstrichzahl und Radikal, innerhalb der Radikale wiederum nach der Strichzahl der weiteren, verbleibenden Hanjabestandteile.

Beispiel:

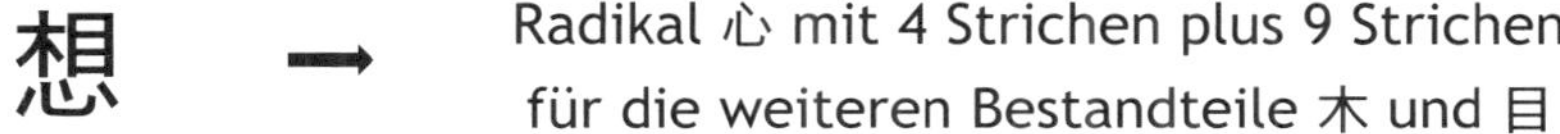

Sind die Hanja in einem Lexikon bspw. thematisch, nach Schwierigkeit oder Häufigkeit geordnet, so gibt es zumeist einen Index, mithilfe dessen sich das gesuchte Zeichen über das Radikal auffinden lässt (vgl. Radikalindex S.178–180).

Daneben finden sich in den meisten Werken Indexe, in denen die Schriftzeichen mithilfe von Lesung und Gesamtstrichzahl gesucht und nachgeschlagen werden können (vgl. Lesungsindex S.181–183 und Gesamtstrichzahlindex S.184–185).

Die Digitalisierung hat das Nachschlagen von Schriftzeichen immens vereinfacht. Es muss nun kein Buch mehr zur Hand liegen und das zeitintensive Blättern entfällt. Insbesondere aber bietet die digitale Suche weitere, sehr hilfreiche Nachschlagemethoden. Bei einem klassischen Nachschlagewerk ist es entscheidend, aus den Komponenten eines Hanja zum Auffinden das richtige Radikal zu identifizieren. Bei der digitalen Suche lassen sich alle Zeichen, die eine bestimmte Komponente enthalten, auflisten. Eine weitere bequeme Methode des Nachschlagens ist es, das gesuchte Hanja digital per Hand zu schreiben und suchen zu lassen. Viele Online-Lexika, Computerprogramme und Apps bieten diese Funktion der Handschrifterkennung.

Seit Neustem lassen sich Hanja außerdem mit der Fotofunktion des Smartphones scannen und automatisch nachschlagen.

Radikalliste

- 1 -	
一	eins; ein, eine
丨	*Vertikalstrich*
丶	*Punktstrich*
丿	*Schrägstrich*
乙	zweit-
亅	*Hakenstrich*
- 2 -	
二	zwei
亠	Deckel
人	Mensch
儿	Beine
入	betreten
八	acht
冂	umfassen
冖	bedecken
冫	Eis
几	Tisch
凵	Behälter
刀	Klinge
力	Stärke, Kraft
勹	einwickeln
匕	Dolch
匚	Kasten
匸	verstecken
十	zehn
卜	Orakel
卩	Siegel
厂	Abhang
厶	privat
又	wieder
- 3 -	
口	Mund; Eingang
囗	Begrenzung
土	Erde, Boden
士	Gelehrter
夂	nachfolgen
夊	langsam gehen
夕	Abend
大	groß
女	Weib, Frau
子	Sohn; Kind
宀	Dach
寸	Gelenk; Zoll
小	klein
尢	hinkend, lahm
尸	Leichnam
屮	Spross, Keim
山	Gebirge, Berg
巛	Strom; Fluss
工	Arbeiter, Arbeit
己	selbst
巾	Tuch
干	trocken; Schild
幺	jung; gering
广	Schrägdach
廴	bewegen
廾	gefaltete Hände
弋	Wurfspieß
弓	Bogen
彐	Schweinskopf
彡	Haare
彳	Schritt
- 4 -	
心	Herz, Gemüt
戈	Speer
戶	Waffe; Tür; Haus
手	Hand
支	Zweig; stützen
攴	schlagen
文	Literatur; Text
斗	*Hohlmaß*
斤	Axt
方	Richtung; Region
无	nicht
日	Tag; Sonne
曰	sagen
月	Mond; Monat
木	Baum, Holz
欠	mangeln; gähnen
止	anhalten

歹	zersetzen
殳	Lanze
毋	Mutter
比	vergleichen
毛	Haar
氏	Sippe; Familie
气	Atem; Luft
水	Wasser
火	Feuer
爪	Klaue, Kralle
父	Vater
爻	Mischen
爿	gespaltenes Holz
片	gespaltenes Holz
牙	Eckzahn
牛	Rind
犬	Hund
	- 5 -
玄	Dunkel
玉	Edelstein
瓜	Melone; Gurke
瓦	Dachziegel
甘	süß
生	Leben
用	Benutzen
田	Reisfeld
疋	Kleiderstoff
疒	Krankheit
癶	gespreizte Beine
白	weiß
皮	Haut
皿	Schüssel, Teller
目	Auge; betrachten
矛	Hellebarde
矢	Pfeil
石	Stein
示	zeigen
禸	Fußstapfen, Spur
禾	Getreide
穴	Loch; Höhle
立	stehen
	- 6 -
竹	Bambus
米	Reis
糸	Faden
缶	Krug
网	Netz
羊	Schaf; Ziege
羽	Vogelfeder
老	alt
而	und dabei
耒	Pflug
耳	Ohr
聿	Schreibpinsel
肉	Fleisch
臣	Untertan
自	selbst
至	erreichen
臼	Mörser
舌	Zunge
舛	gegensätzlich
舟	Schiff, Boot
艮	Grenze
色	Farbe
艸	Gras
虍	Tiger
虫	Insekt
血	Blut
行	verkehren
衣	Kleidung
襾	bedecken
	- 7 -
見	sehen
角	Horn; Ecke
言	Wort
谷	Tal; Schlucht
豆	Bohne
豕	Schwein
豸	Reptil
貝	Muschel
赤	rot
走	laufen
足	Fuß
身	Körper

車	Rad; Wagen
辛	scharf
辰	vormittags
辵	vorwärts gehen
邑	Gemeinde
酉	Alkohol; Vogel
釆	unterscheiden
里	Meile; Dorf
- 8 -	
金	Metall, Gold
長	lang; Leiter
門	Tor, Tür, Eingang
阜	Hügel
隶	fangen
隹	kleiner Vogel
雨	Regen
靑	blau; grün
非	nicht; falsch
- 9 -	
面	Gesicht
革	Leder; Haut
韋	Leder
韭	Lauch
音	Ton, Laut
頁	Kopf
風	Wind; Brauch
飛	fliegen
食	Mahlzeit
首	Kopf
香	Duft
- 10 -	
馬	Pferd
骨	Knochen
高	hoch
髟	lange Haare
鬥	kämpfen
鬯	Kräuter
鬲	Dreifuß
鬼	Dämon; Gespenst
- 11 -	
魚	Fisch
鳥	Vogel
鹵	Salz
鹿	Hirsch
麥	Gerste; Weizen
麻	Hanf
- 12 -	
黃	gelb
黍	Hirse
黑	schwarz
黹	sticken
- 13 -	
黽	Frosch
鼎	Kochkessel
鼓	Trommel
鼠	Ratte; Maus
- 14 -	
鼻	Nase
齊	gleich; ordnen
- 15 -	
齒	Zahn
- 16 -	
龍	Drache
龜	Schildkröte
- 17 -	
龠	Flöte

- gekürzte Radikale -

KZ	Pos.	LZ	SZ
	- 1 -		
乚	keine festgelegte Position	乙	1
	- 2 -		
亻	Position links	人	2
刂	Position rechts	刀	2
㔾	Position unten	卩	2
	- 3 -		
尣	Position links	尢	3
川	keine festgelegte Position	巛	3
⺕	keine festgelegte Position	彐	3
忄	Position links	心	4
扌	Position links	手	4
氵	Position links	水	4
犭	Position links	犬	4
阝	Position rechts	邑	7
阝	Position links	阜	8
	- 4 -		
⺗	Position unten	心	4
攵	Position rechts	攴	4
旡	keine festgelegte Position	无	4
灬	Position unten	火	4
爫	Position oben	爪	4
牜	Position links	牛	4
王	Position links	玉	5
礻	Position links	示	5
㓁	Position oben	网	6
耂	Position oben	老	6
月	Position links	肉	6
艹	Position oben	艸	6
辶	Position links	辵	7
	- 5 -		
罒	Position oben	网	5
衤	Position links	衣	6
	- 6 -		
𦍌	keine festgelegte Position	羊	6
	- 7 -		
𧾷	Position links	足	7
镸	Position links	長	8
	- 9 -		
飠	Position links	食	9

KZ: Kurzzeichen

LZ: Langzeichen

Pos.: Position im Hanja

SZ: Strichzahl des LZ

Position links

Position rechts

Position oben

Position unten

keine festgelegte Position

Schreibstile

1. Orakelknochenschrift
   갑골 문자 (甲骨文字)
2. Siegelschrift
   전서 (篆書)
3. Chinesische Kanzleischrift
   예서 (隸書)
4. Semikursivschrift
   행서 (行書)
5. Kursivschrift (Grasschrift)
   초서 (草書)
6. Regelschrift
   해서 (楷書)
7. Regelschrift (Kurzzeichen)

Hanja

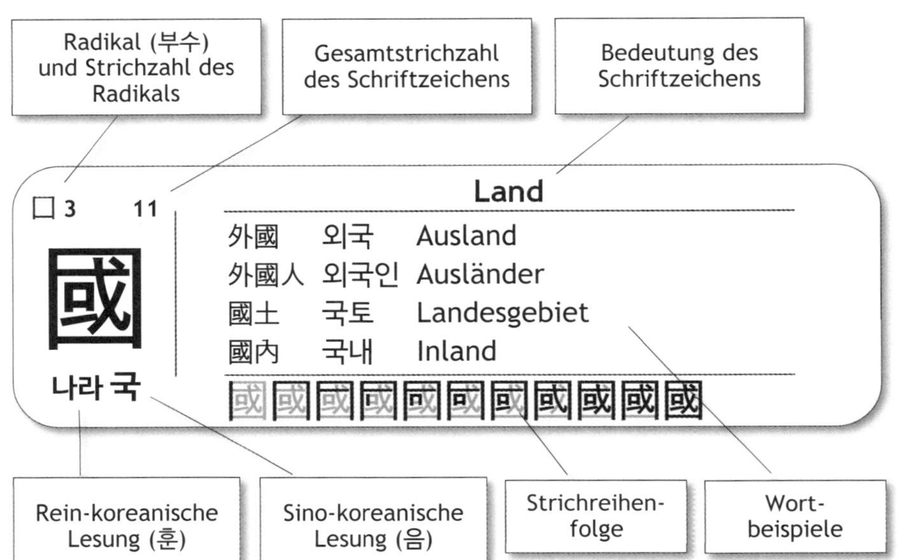
Radikal (부수) und Strichzahl des Radikals
Gesamtstrichzahl des Schriftzeichens
Bedeutung des Schriftzeichens
口 3
11
國
나라 국
Land
外國 외국 Ausland
外國人 외국인 Ausländer
國土 국토 Landesgebiet
國內 국내 Inland
Rein-koreanische Lesung (훈)
Sino-koreanische Lesung (음)
Strichreihen-folge
Wort-beispiele

Lektion 1:
Zahlen

一	二	三	四	五
六	七	八	九	十
百	千	萬	人	半

一 1 1

一

한 일

eins; ein, eine

一二	일이	eins oder zwei
一一九	일일구	119 *(Notrufnummer in Korea)*

一

二 2 2

二

두 이

zwei

十二	십이	zwölf
二十	이십	zwanzig
一一二	일일이	112 *(Rufnummer der kor. Polizei)*

一 二

一 1 3

三

석 삼

drei

十三	십삼	dreizehn
三十	삼십	dreißig
三十一	삼십일	einunddreißig

三 三 三

口 3 5

四

넉 사

vier

十四	십사	vierzehn
四十	사십	vierzig
四十三	사십삼	dreiundvierzig

四 四 四 四 四

二 2 4

五

다섯 오

fünf

十五	십오	fünfzehn
五十	오십	fünfzig
三三五五	삼삼오오	in Grüppchen

五 五 五 五

八 2 4

六

여섯 륙 [육]

sechs

六二五 육이오 25. Juni 1950
(Ausbruch des Koreakrieges)
五一六 오일륙 16. Mai 1961 *(Datum des Putsches durch Park Chung-hee)*

六六六六

一 1 2

七

일곱 칠

sieben

十七 십칠 siebzehn
七十 칠십 siebzig
七十五 칠십오 fünfundsiebzig

七七

八 2 2

八

여덟 팔

acht

八十 팔십 achtzig
五一八 오일팔 18. Mai 1980 *(Datum des Kwangju-Aufstandes)*

八八

乙 1 2

九

아홉 구

neun

九十 구십 neunzig
四一九 사일구 19. April 1960 *(Datum der „Aprilrevolution“)*

九九

十 2 2

十

열 십

zehn

十九 십구 neunzehn
六十二 육십이 zweiundsechzig
七十 칠십 siebzig

十十

白 5 6

百

일백 백

einhundert

一百	일백	einhundert
百一	백일	einhundertundeins
九百	구백	neunhundert

百百百百百百

十 2 3

千

일천 천

eintausend

千五百	천오백	eintausendfünfhundert
二千	이천	zweitausend

千千千

艹 4 13

萬

일만 만

zehntausend; viele; alle

百萬	백만	eine Million
萬一	만일	falls, für den Fall

萬萬萬萬萬萬萬萬萬萬萬萬萬

人 2 2

사람 인

Mensch; Person

一人	일인	eine Person
百人	백인	hundert Personen
프랑스人	프랑스인	Franzose, Französin

人人

十 2 5

半

반 반

Hälfte; Teil; halb

半半	반반	halb und halb, halb-halb
半바지	반바지	kurze Hose
半달	반달	Halbmond
半나절	반나절	halbtags

半半半半半

Lektion 2:
Wochentage, Datum und Zeit

日	曜	月	火	水
木	金	土	年	時
分	間	毎	來	本

日 4 4

日

날 일

Tag; Sonne

日日	일일	jeden Tag, Tag für Tag
八日	팔일	acht Tage; der Achte
百日	백일	hundert Tage

日日日日

日 4 18

曜

빛날 요

scheinen; Wochentag

曜日	요일	Wochentag
日曜日	일요일	Sonntag

曜曜曜曜曜曜曜曜曜曜曜曜曜曜曜曜曜曜

月 4 4

月

달 월

Mond; Monat

月曜日	월요일	Montag
六月	유월	Juni
十月	시월	Oktober
十二月	십이월	Dezember

月月月月

火 4 4

불 화

Feuer

火曜日	화요일	Dienstag
月·火	월·화	Montag und Dienstag

火火火火

水 4 4

水

물 수

Wasser

水曜日	수요일	Mittwoch
月·水	월·수	Montag und Mittwoch

水水水水

木 4 4

木

나무 목

Baum; Holz

木曜日 목요일 Donnerstag
火·木 월·화 Dienstag und Donnerstag

木木木木

金 8 8

金

쇠 금
성씨 김

Metall; Gold; Geld; Kim *(Familienname)*

金曜日 금요일 Freitag
金메달 금메달 Goldmedaille
金씨 김씨 Herr / Frau Kim

金金金金金金金金

土 3 3

土

흙 토

Erde, Boden

土曜日 토요일 Samstag
土·日 토·일 Samstag und Sonntag

土土土

干 3 6

年

해 년 [연]

Jahr; Alter

一年 일년 ein Jahr
半年 반년 halbes Jahr
年金 연금 Rente, Pension

年年年年年年

日 4 10

時

때 시

Zeit; Stunde

日時 일시 Zeit und Datum
一時 일시 zeitgleich; vorläufig, zeitweilig

時時時時時時時時時時

刀 2 4

分

나눌 분

teilen; Teil; Minute

十分	십분	zehn Minuten
水分	수분	Wassergehalt, Feuchtigkeit

門 8 12

間

사이 간

zwischen; (Zwischen-, Zeit-) Raum

時間	시간	Zeit
人間	인간	Person; Mensch
年間	연간	für ein Jahr; Jahres-

毋 4 7

每

매양 매

jeder, jede, jedes

每日	매일	jeden Tag
每年	매년	jedes Jahr
每月	매월	jeden Monat

人 2 8

來

올 래 [내]

kommen; zukünftig

來日	내일	morgen
來年	내년	nächstes Jahr

木 4 5

本

근본 본

Grundlage; Wurzel; Haupt-; dieser

本來	본래	ursprünglich
本人	본인	der Betreffende
日本	일본	Japan
本土	본토	Festland

Lektion 3:
Positionen

以　内　外　國　入
出　口　前　後　門
上　下　中　左　右

人 2 5

以

써 이

durch; wegen; mit, mittels; *Präfix*

以內	이내	innerhalb

入 2 4

안 내

innen; Inneres

以內	이내	innerhalb

夕 3 5

바깥 외

außen; Äußeres

以外	이외	außer(halb)
內外	내외	innen und außen

口 3 11

나라 국

Land

外國	외국	Ausland
外國人	외국인	Ausländer
國土	국토	Landesgebiet
國內	국내	Inland

入 2 2

들 입

hineingehen; hineinstecken

入出	입출	Einnahmen und Ausgaben
入國	입국	Einwanderung
入金	입금	Einzahlung

凵 2　5	**herausgehen; herauskommen**		
出	出國	출국	Ausreise
	出入	출입	hinein und hinaus
	外出	외출	Ausgehen
	日出	일출	Sonnenaufgang
날 출	出出出出出		

口 3　3	**Mund; Eingang; Öffnung**		
口	人口	인구	Bevölkerung
	入口	입구	Eingang
	出口	출구	Ausgang
	出入口	출입구	Ein- und Ausgang
입 구	口口口		

刂 2　9	**vorne; vor; früher**		
前	以前	이전	vor(her), früher
	百年前	백년전	vor hundert Jahren
앞 전	前前前前前前前前前		

彳 3　9	**hinter; nach; später**		
後	前後	전후	vorne und hinten; vorher und nachher; ungefähr
	以後	이후	seit(dem); später; (da)nach
뒤 후	後後後後後後後後後		

門 8　8	**Tor, Tür**		
門	後門	후문	Hintertür
	入門	입문	Eintritt
	出入門	출입문	Ein- und Ausgang
문 문	門門門門門門門門		

一 1 3

上

윗 상

auf, oben, über, nach oben

以上	이상	oben; zuvor; mehr als
年上	연상	älter
水上	수상	auf dem Wasser

上上上

一 1 3

下

아래 하

unter, unten, nach unten

上下	상하	oben und unten
以下	이하	unter; weniger als
年下	연하	jünger
下人	하인	Diener

下下下

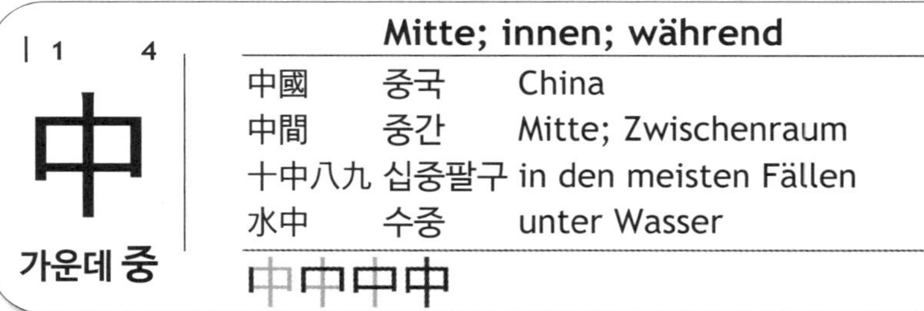

丨 1 4

中

가운데 중

Mitte; innen; während

中國	중국	China
中間	중간	Mitte; Zwischenraum
十中八九	십중팔구	in den meisten Fällen
水中	수중	unter Wasser

中中中中

工 3 5

左

왼 좌

links

左右	좌우	links und rechts
左右하다	좌우하다	Einfluss ausüben

左左左左左

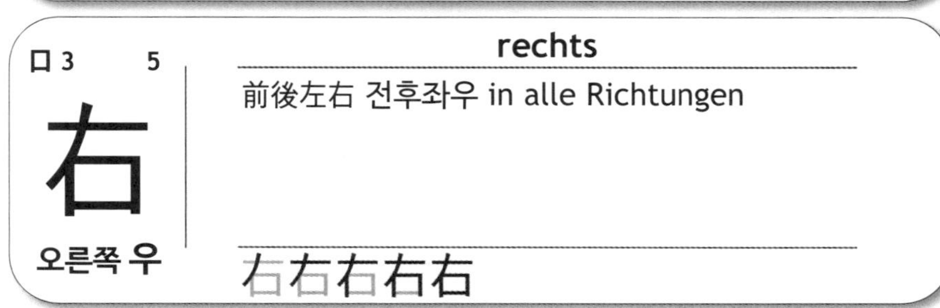

口 3 5

右

오른쪽 우

rechts

前後左右	전후좌우	in alle Richtungen

右右右右右

Lektion 4:
Familie

母	父	同	生	女
男	子	性	祖	先
家	族	長	名	死

毋 4 5	**Mutter**		
母	母國	모국	Mutterland
어미 모	母母母母母		

父 4 4	**Vater**		
父	父母	부모	Eltern
아비 부	父父父父		

口 3 6	**derselbe, dieselbe, dasselbe; gleich**		
同	同時	동시	gleichzeitig
	同一	동일	Gleichheit
	同日	동일	der gleiche Tag
한가지 동	同同同同同同		

生 5 5	**geboren werden; leben; entstehen**		
生	同生	동생	jüngere Geschwister
	生日	생일	Geburtstag
	生水	생수	Mineralwasser
	前生	전생	vorheriges Leben
날 생	生生生生生		

女 3 3	**Frau; Mädchen; Tochter**		
女	女同生	여동생	jüngere Schwester
	母女	모녀	Mutter und Tochter
	父女	부녀	Vater und Tochter
	女人	여인	Frau; Dame
계집 녀 [여]	女女女		

田 5 7

男

사내 남

Mann; Junge; Sohn

男同生	남동생	jüngerer Bruder
男女	남녀	Mann und Frau

男男男男男男男

子 3 3

子

아들 자

Sohn; Kind

子女	자녀	Kinder *(höflich)*
女子	여자	Frau
男子	남자	Mann
母子	모자	Mutter und Sohn

子子子

忄 3 8

性

성품 성

Charakter; Wesen, Art; Geschlecht

男性	남성	männlich
女性	여성	weiblich
同性	동성	gleiches Geschlecht
人性	인성	Charakter, Persönlichkeit

性性性性性性性性

礻 4 10

祖

할아비 조

Großvater; Vorfahr

祖父	조부	Großvater
祖母	조모	Großmutter
祖上	조상	Vorfahren
祖國	조국	Vaterland

祖祖祖祖祖祖祖祖祖祖

儿 2 6

先

먼저 선

zuerst; früher

先祖	선조	Vorfahren, Ahnen
祖先	조선	Vorfahren, Ahnen
先生	선생	Lehrer

先先先先先先

宀 3 10

家

집 가

Haus; Familie

家口	가구	Haushalt
外家	외가	Familie mütterlicherseits
國家	국가	Staat
家門	가문	Familie, Clan, Geschlecht

家家家家家家家家家家

方 4 11

族

겨레 족

Volk; Stamm

家族	가족	Familie
同族	동족	das gleiche Volk

族族族族族族族族族族族

長 8 8

長

길 장

lang; Leiter, Direktor

長男	장남	der älteste Sohn
長女	장녀	die älteste Tochter
家長	가장	Familienoberhaupt
長時間	장시간	lange Zeit

長長長長長長長長

口 3 6

名

이름 명

Name; Ruf; Ruhm

名家	명가	angesehene Familie
同名	동명	gleicher Name
一名	일명	eine Person; anderer Name
國名	국명	Landesname

名名名名名名

歹 4 6

死

죽을 사

sterben; Tod

生死	생사	Leben und Tod
死後	사후	nach dem Tode

死死死死死死

Lektion 5:
Schule und Universität

學　校　大　休　在

高　等　文　會　圖

書　館　室　教　科

子 3 16

學

배울 학

lernen; studieren

學生	학생	Schüler
入學	입학	Einschulung; Immatrikulation
學年	학년	Schuljahr
學父母	학부모	Eltern eines Schülers

學學學學學學學學學學學學學學學學

木 4 10

校

학교 교

Schule

學校	학교	Schule
校長	교장	Schuldirektor
校門	교문	Schultor

校校校校校校校校校校

大 3 3

大

클 대

groß

大學校	대학교	Universität
大學生	대학생	Student
大人	대인	Erwachsener
大門	대문	Tor; Haupttor

大大大

亻 2 6

休

쉴 휴

ausruhen

休學	휴학	Urlaubssemester; Abwesenheit von Schule/Uni
休日	휴일	Feiertag; Ferien

休休休休休休

土 3 6

在

있을 재

existieren, sein; sich befinden

在學	재학	immatrikuliert sein
在日	재일	in Japan
在中	재중	in China

在在在在在在

高 10　10

高

높을 고

hoch

高校　고교　Oberschule
女高生　여고생　Oberschülerin

高高高高高高高高高高

竹 6　12

等

무리 등

Gruppe; Klasse; Rang; Stufe; usw.

高等學校　고등학교　Oberschule
等等　등등　und so weiter, etc.

等等等等等等等等等等等等

文 4　4

文

글월 문

Satz; Text; Schrift; Dokument

文學　문학　Literatur
前文　전문　Einleitung; Vorwort
文人　문인　Literat, Gelehrter
人文　인문　Kultur; Zivilisation

文文文文

日 4　13

會

모일 회

sammeln, versammeln; Treffen

學生會　학생회　Fachschaft; Studierendenvertretung
大會　대회　(große) Versammlung
國會　국회　Parlament

會會會會會會會會會會會會會

口 3　14

圖

그림 도

Zeichnung, Bild; Buch; Karte; Plan

圖本　도본　Zeichnung

圖圖圖圖圖圖圖圖圖圖圖圖圖圖

日 4 10

書

글 서

schreiben; Schrift, Schriftstück

文書	문서	Dokument
圖書	도서	Bücher

書書書書書書書書書書

食 8 17

館

집 관

Halle; Gebäude

圖書館	도서관	Bibliothek
會館	회관	Versammlungshaus
學生會館	학생회관	Studentenhaus

館館館館館館館館館館館館館館館館館

宀 3 9

室

집 실

Zimmer; Raum

校長室	교장실	Büro des Schulrektors
室長	실장	Abteilungsleiter
室內	실내	Zimmerinnere; Innenraum
入室	입실	Betreten eines Zimmers

室室室室室室室室室

攵 4 11

教

가르칠 교

lehren, unterrichten; Lehre; Religion

教室	교실	Klassenzimmer
教生	교생	Referendar
教會	교회	Kirche

教教教教教教教教教教教

禾 5 9

科

과목 과

Fach; Fachgebiet

學科	학과	(Uni-)Abteilung; Fachgebiet
人文科	인문과	Geisteswissenschaften
科學	과학	Wissenschaft
教科書	교과서	Lehrbuch

科科科科科科科科科

Lektion 6: Wissenschaft

語	言	漢	字	論
理	物	化	史	歴
記	音	樂	法	社

言 7 14

語

말씀 어

Sprache; Wort

國語	국어	Landessprache
中國語	중국어	Chinesisch
外來語	외래어	Fremdwort, Lehnwort
口語	구어	Umgangssprache

語語語語語語語語語語語語語語

言 7 7

言

말씀 언

sprechen; Wort

言語	언어	Sprache
言語學	언어학	Linguistik

言言言言言言言

氵 3 14

漢

한나라 한

Han(-Dynastie) ***(206 v. Chr. bis 220 n. Chr.)***

漢學	한학	chinesische Klassik, Sinologie
漢文	한문	chinesische Schrift

漢漢漢漢漢漢漢漢漢漢漢漢漢漢

子 3 6

字

글자 자

Schriftzeichen; Buchstabe

漢字	한자	chinesisches Schriftzeichen
漢字語	한자어	sinokoreanisches Wort
文字	문자	Schrift
十字	십자	Kreuz

字字字字字字

言 7 15

논할 론 [논]

diskutieren, erörtern; Abhandlung

言論學	언론학	Journalismus
言論	언론	Meinungsäußerung; Presse
論文	논문	Aufsatz, Abhandlung
論語	논어	„Gespräche des Konfuzius“

論論論論論論論論論論論論論論論

王 4 11

理

다스릴 리 [이]

regieren, verwalten; Prinzip; Grund

論理	논리	Logik
理論	이론	Theorie
生理學	생리학	Physiologie
生理	생리	Menstruation

牛 4 8

物

물건 물

Gegenstand, Ding; Angelegenheit

物理學	물리학	Physik
生物學	생물학	Biologie
生物	생물	Lebewesen
人物	인물	Mensch

匕 2 4

化

될 화

werden; sich verwandeln

化學	화학	Chemie
文化	문화	Kultur
同化	동화	Assimilation
分化	분화	Differenzierung

口 3 5

史

사기 사

Geschichte, Geschichtsaufzeichnung

國史	국사	Landesgeschichte
中國史	중국사	chinesische Geschichte
史上	사상	in der Geschichte
史書	사서	Geschichtswerk

止 4 16

歷

지날 력 [역]

vergehen; erfahren

歷史	역사	Geschichte
學歷	학력	Schulbildung
歷歷히	역력히	klar, offensichtlich

言 7 10

記

기록할 **기**

aufschreiben, notieren

三國史記 삼국사기 „Chroniken der 3 Reiche“
日記 일기 Tagebuch
記入 기입 Eintragung; ausfüllen
上記 상기 obenstehend

記記記記記記記記記記

音 9 9

音

소리 **음**

Ton, Laut; Geräusch

母音 모음 Vokal
子音 자음 Konsonant

音音音音音音音音音

木 4 15

樂

노래 **악**
즐길 **락 [낙]**

Musik; genießen

音樂 음악 Musik
音樂會 음악회 Konzert
音樂家 음악가 Musiker
樂園 낙원 Paradies

樂樂樂樂樂樂樂樂樂樂樂樂樂樂樂

氵 3 8

法

법 **법**

Gesetz; Methode

法學 법학 Jura
法人 법인 Körperschaft; jurist. Person
文法 문법 Grammatik
論法 논법 Argumentation; Logik

法法法法法法法法

礻 4 8

社

모일 **사**

sammeln, versammeln; Gesellschaft

社會學 사회학 Soziologie
社會 사회 Gesellschaft
言論社 언론사 Medienunternehmen
本社 본사 Zentrale

社社社社社社社社

Lektion 7:
Körper und Sinne

身　體　力　手　活

心　目　見　發　足

感　情　表　想　覺

身 7 7

몸 신

Körper

身長	신장	Körpergröße
身分	신분	soziale Stellung; Identität
出身	출신	Herkunft; aus ... stammend
身上	신상	persönliche Umstände

身身身身身身身

骨 10 23

體

몸 체

Körper

身體	신체	Körper
人體	인체	menschlicher Körper
大體로	대체로	größtenteils

體體體體體體體體體體體體體體體體體體體體體體體

力 2 2

力

힘 력 [역]

Kraft, Stärke

體力	체력	Körperkraft
人力	인력	Menschenkraft
水力	수력	Wasserkraft
入力	입력	Eingabe

力力

手 4 4

손 수

Hand; Fertigkeit; Methode

手法	수법	Art und Weise, Methode
入手	입수	Erhalt
手記	수기	Memoiren, Autobiographie

手手手手

氵 3 9

살 활

leben

活力	활력	Lebenskraft
生活	생활	Leben
活性	활성	aktiv
活字	활자	Schrift(satz)

活活活活活活活活活

心 4 4

마음 심

Herz; Gemüt; Absicht; Zentrum

心理	심리	Psyche
心身	심신	Körper und Geist, Leib und Seele
中心	중심	Mittelpunkt, Zentrum

心心心心

目 5 5

目

눈 목

Auge; Blick; Betrachtung; Aspekt

科目	과목	Lehrfach; Gegenstand
目前	목전	bevorstehend; drohend

目目目目目

見 7 7

見

볼 견

sehen, betrachten; sichtbar sein

會見	회견	Interview; Zusammenkunft
見學	견학	Besichtigung
見本	견본	Musterexemplar

見見見見見見見

癶 5 12

發

필 발

sprießen; schießen; geschehen

發見	발견	Entdeckung
發生	발생	Ausbruch, Entstehung
發音	발음	Aussprache
出發	출발	Abfahrt; Abreise

發發發發發發發發發發發發

足 7 7

足

발 족

Fuß

手足	수족	Hände und Füße
發足	발족	Anfang, Beginn; Start

足足足足足足足

心 4 13

感

느낄 감

fühlen; Gefühl; Empfindung

感性	감성	Sinnlichkeit
感性論	감성론	Ästhetik
同感	동감	Mitgefühl; nachfühlen
感化	감화	Einwirkung

感感感感感感感感感感感感感

忄 3 11

情

뜻 정

Gefühl; Stimmung

感情	감정	Gefühl; Empfindung
心情	심정	Gefühl; Gemüt; Herz

情情情情情情情情情情情

衣 6 8

表

겉 표

Oberfläche; Außenseite; Tabelle

表情	표정	Gesichtsausdruck, Miene
發表	발표	Bekanntgabe; Präsentation
表記	표기	Beschriftung; Markierung
年表	연표	Zeittafel

表表表表表表表表

心 4 13

想

생각 상

Gedanke; Idee; Vorstellung

感想	감상	Eindruck; Gedanke; Gefühl
發想	발상	Einfall, Idee
理想	이상	Ideal

想想想想想想想想想想想想想

見 7 20

覺

깨달을 각

begreifen; einsehen; wecken

感覺	감각	Empfindung
覺書	각서	Memorandum

覺覺覺覺覺覺覺覺覺覺覺覺覺覺
覺覺覺覺覺覺

Lektion 8: Geographie

地	方	東	北	西
南	洋	海	韓	美
江	山	天	道	原

土 3 6

地

땅 지

Boden; Land; Ort

地理學	지리학	Geographie, Erdkunde
中心地	중심지	Mittelpunkt, Zentrum
地圖	지도	Landkarte
地下	지하	Untergrund

地地地地地地

方 4 4

方

모 방

Viereck; Richtung; Region; Methode

地方	지방	Gegend, Bezirk, Region
四方	사방	die vier Richtungen
方言	방언	Dialekt
方法	방법	Methode, Art und Weise

方方方方

木 4 8

東

동녘 동

Osten; der Osten

東方	동방	Osten
東大門	동대문	„großes Osttor“ *(in Seoul)*
中東	중동	Mittlerer Osten

東東東東東東東東

匕 2 5

북녘 북

Norden; fliehen; verlieren

北方	북방	Norden
北上	북상	in den Norden ziehen
東北	동북	Nordosten

北北北北北

襾 6 6

서녘 서

Westen; der Westen

西方	서방	Westen
東西	동서	Ost und West

西西西西西西

十 2 9

南

남녘 남

Süden

南方 남방 Süden
南大門 남대문 „großes Südtor" *(in Seoul)*

南南南南南南南南南

氵 3 9

洋

큰 바다 양

Ozean; Meer; Ausland

東洋 동양 der Osten, der Orient
西洋 서양 der Westen, der Okzident
大西洋 대서양 Atlantik
五大洋 오대양 die fünf Weltmeere

洋洋洋洋洋洋洋洋洋

氵 3 10

海

바다 해

Meer

海外 해외 Übersee, Ausland
海洋 해양 Meer, Ozean
東海 동해 Ostmeer
海物 해물 Meeresfrüchte

海海海海海海海海海海

韋 9 17

韓

나라 한

Korea; Südkorea

韓國 한국 Südkorea
北韓 북한 Nordkorea
三韓 삼한 die drei Han-„Staaten"
韓國語 한국어 koreanische Sprache

韓韓韓韓韓韓韓韓韓韓韓韓韓韓韓韓韓

羊 6 9

美

아름다울 미

schön; fein; Amerika

美國 미국 Amerika
南美 남미 Südamerika
美人 미인 schöne Frau, Schönheit
美男 미남 schöner Mann

美美美美美美美美美

氵 3 6

江

강 강

Fluss

漢江	한강	Han-Fluss
江南	강남	Kangnam *(Bezirk in Seoul)*
江北	강북	Kangbuk *(Bezirk in Seoul)*

山 3 3

메 산

Berg; Gebirge

江山	강산	Landschaft
南山	남산	Namsan *(Berg in Seoul)*
火山	화산	Vulkan
下山	하산	Abstieg von einem Berg

大 3 4

하늘 천

Himmel; Natur

天國	천국	Himmelsreich, Paradies
天體	천체	Himmelskörper
天文學	천문학	Astronomie
天性	천성	Naturell, Charakter

辶 3 13

길 도

Straße; Weg; Methode; Lehre

八道江山	팔도강산	ganz Korea
人道	인도	Fussgängerweg
下水道	하수도	Abwasserkanal
道理	도리	Vernunft; Verpflichtung

厂 2 10

근원 원

Ursprung; Quelle; Grundlage; Feld

江原道	강원도	Kangwŏn-do *(Provinz)*
水原	수원	Suwŏn *(Stadt in Kyŏnggi-do)*
高原	고원	Hochebene, Plateau
原理	원리	Prinzipien, Grundsatz

Lektion 9: Jahreszeiten und Wetter

期	春	夏	秋	冬
氣	空	風	雨	暴
電	然	自	溫	冷

月 4 12

期

기약할 기

festsetzen; erhoffen; Zeitraum

時期	시기	Periode, Zeit, Saison
期間	기간	Zeitraum; Termin, Frist
期日	기일	festgesetzter Tag, Termin
學期	학기	Semester

日 4 9

春

봄 춘

Frühling

春分	춘분	Frühlingsnachtgleiche, Frühlingsanfang

夊 3 10

여름 하

Sommer

夏期	하기	Sommerzeit

禾 5 9

가을 추

Herbst

春秋	춘추	Frühling und Herbst; Alter; „Frühlings- & Herbstannalen“
秋分	추분	Herbstnachtgleiche

冫 2 5

겨울 동

Winter

春夏秋冬	춘하추동	Frühling, Sommer, Herbst und Winter; die vier Jahreszeiten

气 4 10	**Kraft, Energie; Geist**	
氣	日氣 일기	Wetter, Witterung
	大氣 대기	Atmosphäre
	感氣 감기	Erkältung
기운 기	人氣 인기	Popularität, Beliebtheit

氣氣氣氣氣氣氣氣氣氣

穴 5 8	**leer; Himmel; Luft**	
空	空氣 공기	Luft
	空中 공중	in der Luft
	空間 공간	Raum
빌 공	高空 고공	(in) große(r) Höhe

空空空空空空空空

風 9 9	**Wind; Brauch; Stil**	
風	風土 풍토	Klima
	風水 풍수	Feng Shui
	風力 풍력	Windkraft
바람 풍	東風 동풍	Ostwind

風風風風風風風風風

雨 8 8	**Regen**	
雨	風雨 풍우	Wind und Regen; Sturm
	雨期 우기	Regenzeit
비 우	春雨 춘우	Frühlingsregen

雨雨雨雨雨雨雨雨

日 4 15	**heftig, wild, gewaltig; gewaltsam**	
暴	暴風 폭풍	Windsturm
	暴雨 폭우	heftiger Regen
사나울 폭	暴力 폭력	Gewalt

暴暴暴暴暴暴暴暴暴暴暴暴暴暴暴

雨 8 13

電

번개 전

Blitz; Elektrizität

電氣	전기	Elektrizität
電力	전력	elektr. Kraft, Elektrizität
感電	감전	elektrischer Schlag
電子	전자	Elektron

灬 4 12

然

그럴 연

so, auf diese Weise; klar sein

天然	천연	Natur(-); natürlich
空然히	공연히	vergeblich, umsonst
然後	연후	danach, nachdem, nachher

自 6 6

스스로 자

selbst

自然	자연	Natur
自身	자신	selbst
自體	자체	an sich; selbst

氵 3 13

따뜻할 온

warm; wärmen, erwärmen

氣溫	기온	(Luft-)Temperatur
體溫	체온	Körpertemperatur
溫水	온수	heißes Wasser
溫情	온정	Warmherzigkeit

冫 2 7

찰 랭 [냉]

kalt; kühlen, abkühlen; gleichgültig

冷氣	냉기	Kälte, Kühle
冷水	냉수	kaltes Wasser
冷情	냉정	Kaltherzigkeit
冷冷하다	냉랭하다	kalt; gefühllos

Lektion 10:
Alltag

市	場	食	堂	飲
店	動	運	通	交
料	公	園	立	私

巾 3 5

市

저자 시

Markt; Stadt

市內	시내	Innenstadt, Stadtzentrum
市長	시장	Bürgermeister
出市	출시	auf den Markt bringen

土 3 12

場

마당 장

Platz, Ort, Stelle; Gelegenheit

市場	시장	Markt, Marktplatz
入場	입장	Eintritt, Einlass
場內	장내	drinnen, innen
場外	장외	draußen, außen

食 9 9

밥 식

Essen; Mahlzeit; Nahrung

韓食	한식	koreanische Küche
食口	식구	Familienmitglieder
食生活	식생활	Ernährungsweise

土 3 11

집 당

Halle

食堂	식당	Restaurant
學堂	학당	Schule
堂堂히	당당히	würdevoll
天堂	천당	Himmelsreich

食 9 13

마실 음

trinken; Getränk

飮食	음식	Essen und Trinkem
飮食物	음식물	Essen und Trinken, Lebensmittel

广 3 8

店

가게 점

Laden, Geschäft

飲食店	음식점	Speiselokal
書店	서점	Buchladen
本店	본점	Hauptfiliale, Zentrale

店店店店店店店店

力 2 11

動

움직일 동

bewegen

活動	활동	Tätigkeit; Aktivität
自動	자동	automatisch
動物	동물	Tier
感動	감동	Ergriffenheit, Rührung

動動動動動動動動動動動

辶 3 13

運

옮길 운

bewegen; transportieren; rotieren

運動	운동	Bewegung; Sport
運動場	운동장	Sportplatz
氣運	기운	Atmosphäre; Trend

運運運運運運運運運運運運運

辶 3 11

通

통할 통

gehen zu; vorbeigehen; passieren

通學	통학	zur Schule gehen
通風口	통풍구	Ventil

通通通通通通通通通通通

亠 2 6

交

사귈 교

Umgang haben; verkehren; tauschen

交通	교통	Verkehr; Transport
外交	외교	Diplomatie
性交	성교	Geschlechtsverkehr
交分	교분	Freundschaft

交交交交交交

斗 4 10

料

헤아릴 료 [요]

zählen; Lohn; Kosten; Material

料金	요금	Gebühren
料理	요리	Gericht; kochen
飮料(水)	음료(수)	Getränk
史料	사료	historische Quelle

料料料料料料料料料料

八 2 4

公

공평할 공

unparteiisch; gemeinsam; öffentlich

公休日	공휴일	gesetzlicher Feiertag
公論	공론	öffentliche Meinung
公社	공사	öffentliche Körperschaft

公公公公

口 3 13

園

동산 원

Garten, Park

公園	공원	Park
動物園	동물원	Tiergarten, Zoo
學園	학원	Bildungseinrichtung; Campus
樂園	낙원	Paradies

園園園園園園園園園園園園園

立 5 5

立

설 립 [입]

stehen; aufstellen, errichten

立場	입장	Standpunkt
公立	공립	öffentlich, städtisch
國立	국립	staatlich; National-
自立	자립	unabhängig, selbstständig

立立立立立

禾 5 7

私

사사 사

privat; vertraulich

私立	사립	privat
公私	공사	öffentlich und privat
私生活	사생활	Privatleben
私人	사인	Privatperson

私私私私私私私

Lektion 11:
Politik

政	行	府	治	安
登	錄	證	關	係
事	務	勞	官	所

攵 4 9

政

정사 정

Politik; Regierung; Verwaltung

國政 국정 Staatsverwaltung, -politik
家政 가정 Hauswirtschaft; -haltung
地政學 지정학 Geopolitik

政政政政政政政政政

行 6 6

行

다닐 행

gehen; ausführen

行政 행정 Verwaltung, Administration
行事 행사 Veranstaltung
行動 행동 Handlung
同行 동행 Begleitung

行行行行行行

广 3 8

府

마을 부

Verwaltungsbezirk; Behörde, Amt

政府 정부 Regierung
行政府 행정부 Administration; Exekutive

府府府府府府府府

氵 3 8

治

다스릴 치

regieren; heilen

政治 정치 Politik
政治史 정치사 Politikgeschichte
治國 치국 Regierung, Staatsführung
自治 자치 Autonomie, Selbstverwaltung

治治治治治治治治

宀 3 6

安

편안 안

Friede, Ruhe

治安 치안 öffentliche Ruhe u. Ordnung
安心 안심 Sorglosigkeit, Seelenruhe
安樂 안락 Behaglichkeit; Komfort
安東市 안동시 Andong *(Stadt in Kyŏngsangbuk-do)*

安安安安安安

癶 5 12

登

오를 등

besteigen; aufsteigen; eintragen

登記	등기	Registrierung
登場	등장	Auftritt
登校	등교	Schulbesuch
登山	등산	Bergsteigen

金 8 16

錄

기록할 록 [녹]

aufzeichnen; eintragen

登錄	등록	Registrierung, Einschreibung
記錄	기록	Aufzeichnung; Dokument
目錄	목록	(Inhalts-)Verzeichnis
錄音	녹음	Tonaufnahme

言 7 19

證

증거 증

Beweis; Ausweis; Zeugnis; Symptom

登錄證	등록증	Anmeldebescheinigung
身分證	신분증	Personalausweis
公證	공증	amtliche Beglaubigung
證言	증언	Zeugenaussage

門 8 19

關

관계할 관

betreffen

通關	통관	Zollabfertigung
關心	관심	Interesse

亻 2 9

맬 계

binden, verbinden; Schnur

關係	관계	Beziehung; Verbindung
人間關係	인간관계	zwischenmenschliche Beziehungen
係長	계장	stellv. Abteilungsleiter

亅 1 8

事

일 사

Sache; Angelegenheit; Arbeit

人事	인사	Personalangelegenheit
關心事	관심사	wichtige Angelegenheit
事物	사물	Ding, Sache
理事長	이사장	Vorstandsvorsitzender

力 2 11

務

힘쓸 무

sich bemühen; Arbeit; Dienst

國務	국무	Staatsangelegenheit
事務	사무	Büroarbeit
公務	공무	Staatsdienst; Amt

力 2 12

勞

일할 로[노]

arbeiten; sich abmühen

勞務	노무	Arbeit
勞動	노동	Arbeit
勞動力	노동력	Arbeitskraft

宀 3 8

官

벼슬 관

Amt, Behörde; Beamter

事務官	사무관	Staatsbeamter
長官	장관	Minister
外交官	외교관	Diplomat
法官	법관	Gerichtsbeamter, Richter

戶 4 8

所

바 소

Mittel; Ort, Platz; Position

事務所	사무소	Büro; Dienststelle
所長	소장	Direktor, Chef, Vorstand
場所	장소	Ort, Platz, Stelle
所見	소견	Beobachtung; Meinung

Lektion 12:
Wirtschaft

産	業	商	工	農
用	品	要	必	集
團	世	界	代	現

生 5 11

産

낳을 산

gebären; hervorbringen

産物	산물	Produkt, Erzeugnis
生産	생산	Produktion
國産	국산	im Inland produziert
出産	출산	Geburt, Entbindung

産産産産産産産産産産産

木 4 13

業

업 업

Arbeit; Aufgabe; Unternehmen

事業	사업	Unternehmen; Arbeit
産業	산업	Industrie, Gewerbe
業務	업무	Geschäftsangelegenheit
業體	업체	Unternehmen, Betrieb

業業業業業業業業業業業業業

口 3 11

商

장사 상

Handel

商業	상업	Handel; Handelsbetrieb
商店	상점	Laden, Geschäft
通商	통상	Handel

商商商商商商商商商商商

工 3 3

工

장인 공

Handwerk; Handwerker; Industrie

工業	공업	Industrie
商工業	상공업	Handel und Industrie
工場	공장	Fabrik; Werkstatt
工事	공사	Bauarbeiten

工工工

辰 7 13

農

농사 농

Landwirtschaft

農業	농업	Landwirtschaft, Ackerbau
農事	농사	Ackerbau
農産物	농산물	Agrarprodukt
農場	농장	Agrarbetrieb; Plantage

農農農農農農農農農農農農農

用 5 5

用

쓸 용

benutzen, gebrauchen; anwenden

用務	용무	Geschäft; Angelegenheit
所用	소용	Nutzen
活用	활용	Verwendung; Gebrauch
用語	용어	Begriff, Terminologie

口 3 9

品

물건 품

Gegenstand; Ware; Qualität; Klasse

用品	용품	Artikel, Ware
商品	상품	Handelsware
物品	물품	Gegenstand; Artikel, Ware
品行	품행	Benehmen

襾 6 9

要

요긴할 요

notwendig; wichtig; fordern

所要	소요	Notwendigkeit
要所	요소	wichtige Stelle
要地	요지	wichtiger Ort
要人	요인	wichtige Person

心 4 5

必

반드시 필

sicher, gewiss

必要	필요	Notwendigkeit
必然性	필연성	Notwendigkeit
必死적	필사적	mit allen [vollen] Kräften; verzweifelt

隹 8 12

모을 집

sammeln, sich sammeln

集會	집회	Versammlung
集中	집중	Konzentration
文集	문집	Anthologie; Essaysammlung

口 3 14

둥글 단

rund; sich versammeln; Gruppe

集團	집단	Gruppe, Masse
工團	공단	Industriepark
團體	단체	Verein; Vereinigung; Gruppe
團長	단장	Gruppenleiter; Vereinsleiter

一 1 5

世

인간 세

Welt; Leben; Generation; Zeitalter

世上	세상	Welt
出世	출세	Erfolg; Karriere; Aufstieg
中世	중세	Mittelalter
身世	신세	Lebenslage; Gefallen

田 5 9

界

지경 계

Grenze; Umgebung; Bereich

世界化	세계화	Globalisierung
世界	세계	Welt, Erde, Globus
業界	업계	Geschäftswelt
政界	정계	Politikwelt

亻 2 5

대신할 대

vertreten; Ära; Generation; Gebühr

代金	대금	Preis
世代	세대	Generation
時代	시대	Ära, Epoche, Zeitalter
代身	대신	anstatt, Vertretung

王 7 11

現

나타날 현

erscheinen; wirklich; gegenwärtig

現金	현금	Bargeld
現代	현대	Gegenwart; Moderne
現地	현지	Ort und Stelle
現場	현장	derselbe Ort; Tatort

Lektion 13:
Geschichte

朝	鮮	明	民	主
義	帝	戰	爭	軍
平	和	亞	歐	獨

月 4 12

朝

아침 조

Morgen; königlicher Hof; Dynastie

漢朝	한조	Han-Dynastie *(206 v.Chr.-9 n.Chr. und 23-220)*
北朝	북조	Nördliche Dynastien *(420-581)*
朝日	조일	(nord)koreanisch-japanisch

朝朝朝朝朝朝朝朝朝朝朝朝

魚 11 17

鮮

고울 선

schön; strahlend; frisch; rein; neu

朝鮮	조선	Chosŏn, „Land der Morgenfrische“
生鮮	생선	(frischer) Fisch

鮮鮮鮮鮮鮮鮮鮮鮮鮮鮮鮮鮮鮮鮮鮮鮮鮮

日 4 8

明

밝을 명

hell; klar; Ming-Dynastie ***(1368 bis 1644)***

明朝	명조	Ming-Dynastie; morgen früh
鮮明	선명	Klarheit, Deutlichkeit
分明히	분명히	eindeutig
證明	증명	Beweis

明明明明明明明明

氏 4 5

民

백성 민

Volk; Nation

大韓民國	대한민국	Republik Korea
國民	국민	Nation, Volk; Bürger
民族	민족	Nation; Volksstamm
市民社會	시민사회	Zivilgesellschaft

民民民民民

丶 1 5

主

주인 주

Herrscher; Herr; Besitzer; Haupt-

民主	민주	Demokratie
主人	주인	Besitzer; Herr; Chef
主要	주요	Haupt-; wesentlich
公主	공주	Prinzessin

主主主主主

羊 6 13

義

옳을 의

richtig; gerecht; tadellos; gut

民主主義	민주주의	Demokratie
社會主義	사회주의	Sozialismus
義務	의무	Pflicht
義理	의리	Verpflichtung; Loyalität

巾 3 9

帝

임금 제

Herrscher, Kaiser

帝國主義	제국주의	Imperialismus
大韓帝國	대한제국	Kaiserreich Korea
日帝時代	일제시대	Korea unter japanischer Herrschaft *(1910-1945)*

戈 4 16

戰

싸울 전

kämpfen; bekriegen

冷戰	냉전	der Kalte Krieg
內戰	내전	Bürgerkrieg
休戰	휴전	Waffenstillstand
戰死	전사	im Krieg fallen

爪 4 8

다툴 쟁

streiten, debatieren

戰爭	전쟁	Krieg
論爭	논쟁	Disput, Wortstreit

車 7 9

군사 군

Militär, Armee; Soldat

軍事	군사	Militärsangelegenheit
國軍	국군	nationale Streitkräfte
空軍	공군	Luftwaffe
海軍	해군	Marine

干 3 5

平

평평할 평

eben, flach; gleich; friedlich

平生	평생	das ganze Leben
平等	평등	Gleichheit
平日	평일	Werktag; Alltag
平面	평면	Oberfläche

平平平平平

口 3 8

和

화할 화

harmonisieren; Eintracht, Friede

平和	평화	Frieden
和平	화평	Frieden
中和	중화	Harmonie; Neutralität

和和和和和和和和

二 2 8

亞

버금 아

folgend, zweit-; Asien

大東亞戰爭	대동아전쟁	Pazifikkrieg
東亞	동아	Ostasien
東南亞	동남아	Südostasien

亞亞亞亞亞亞亞亞

欠 4 15

歐

구라파 구

Europa, der Westen

歐亞	구아	Europa und Asien
西歐	서구	Westeuropa; der Westen

歐歐歐歐歐歐歐歐歐歐歐歐歐歐歐

犭 3 16

獨

홀로 독

allein; Deutschland

韓獨	한독	koreanisch-deutsch
獨立	독립	Unabhängigkeit
獨學	독학	Selbststudium
獨身	독신	ledig

獨獨獨獨獨獨獨獨獨獨獨獨獨獨獨獨

Lektion 14:
Medien

放	送	局	映	像
畫	面	新	聞	報
說	信	話	作	歌

攵 4 8

放

놓을 방

loslassen; verjagen

放學	방학	Ferien
放出	방출	Ausstoß; Emission
放心	방심	gedankenlos; zerstreut
放電	방전	(elektrische) Entladung

⻌ 3 10

送

보낼 송

senden; übermitteln

放送	방송	Rundfunk
生放送	생방송	Liveübertragung
放送社	방송사	Sender
送金	송금	Überweisung

尸 3 7

局

판 국

Spielbrett; Amt; Behörde; Büro

放送局	방송국	Sender, Rundfunkstation
電話局	전화국	Telefonamt
局長	국장	Geschäftsleiter, -führer
政局	정국	politische Lage

日 4 9

비칠 영

spiegeln, reflektieren; strahlen

放映	방영	Übertragung; Sendung
上映	상영	Filmvorführung

亻 2 14

모양 상

Gestalt; Form; Erscheinung; Bild

映像	영상	Spiegelbild
動映像	동영상	Video
現像	현상	Phänomen; Entwicklung
想像力	상상력	Vorstellungskraft

田 5 13

畵

그림 화

Bild; malen; planen

映畵	영화	Film
畵像	화상	Porträt, Abbild; Bild
畵家	화가	Maler; Künstler
人物畵	인물화	Porträt

面 9 9

面

낯 면

Gesicht; Oberfläche; Vorderseite

場面	장면	Szene, Ort
畵面	화면	Bildfläche; Bildschirm
外面	외면	Außenseite
方面	방면	Richtung; Seite; Gegend

斤 4 13

新

새 신

neu; erneut

新鮮하다	신선하다	neu; frisch
新年	신년	Neujahr
新人	신인	Nachwuchs
新入生	신입생	neuer Schüler

耳 6 14

듣을 문

hören

新聞	신문	Zeitung
新聞社	신문사	Zeitungsverlag
所聞	소문	Gerede; Gerücht
見聞	견문	Erfahrung

土 3 12

갚을 보

zurückgeben; benachrichtigen

情報	정보	Nachricht; Information
報道	보도	Nachricht; Bericht; Meldung
電報	전보	Telegramm
通報	통보	Mitteilung; Meldung

言 7 14

說

말씀 설

Erklärung, Darlegung

社說 사설 Leitartikel
說話 설화 Geschichte, Erzählung
說明 설명 Erklärung, Erläuterung

說說說說說說說說說說說說說說

亻2 9

信

믿을 신

glauben; vertrauen; Brief

通信 통신 Kommunikation; Benachrichtigung
信用 신용 Vertrauen; Zutrauen
發信 발신 Absenden (Brief und E-Mail)

信信信信信信信信信

言 7 13

話

말씀 화

Gespräch

通話 통화 Telefongespräch
電話 전화 Telefon; Telefonat
會話 회화 Gespräch, Konversation
手話 수화 Gebärdensprache

話話話話話話話話話話話話話

亻2 7

作

지을 작

machen, anfertigen

作品 작품 Werk
作家 작가 Dichter, Schriftsteller
作用 작용 Wirkung; Wirksamkeit
作業 작업 Arbeit

作作作作作作作

欠 4 14

歌

노래 가

Lied

歌手 가수 Sänger
國歌 국가 Nationalhymne
校歌 교가 Schullied

歌歌歌歌歌歌歌歌歌歌歌歌歌歌

Lektion 15:
Prä- und Suffixe

第 號 最 再 有

無 不 非 末 反

對 全 者 員 的

竹 6　11

第

차례 제

Reihenfolge; Ordnung

第一	제일	erster, erste, erstes
第二	제이	zweiter, zweite, zweites
第三世界	제삼세계	Dritte Welt

第第第第第第第第第第第

虍 6　13

號

이름 호

Benennung; Zeichen; Nummer

記號	기호	Zeichen; Symbol
年號	연호	Äraname; Regierungsdevise
國號	국호	Name eines Landes
二號	이호	Nummer 2

號號號號號號號號號號號號號

日 4　12

最

가장 최

am meisten; am besten; äußerst

最高	최고	höchst-; Maximum
最新	최신	neust-
最上	최상	best-; Nonplusultra
最後	최후	letzt-; Schluss, Ende

最最最最最最最最最最最最

冂 2　6

두 재

erneut, wieder, re-

再活用	재활용	Recycling; wiederverwendbar
再發	재발	Wiederausbruch; Rückfall
再生	재생	Wiedergabe; Wiedergeburt
再現	재현	Wiedererscheinen

再再再再再再

月 4　6

있을 유

existieren, vorhanden sein; besitzen

所有	소유	Besitz
有用	유용	nützlich, tauglich
有力	유력	einflussreich; angesehen
有名	유명	berühmt, bekannt

有有有有有有

灬 4 12

없을 무

ohne, -los; nicht

無事	무사	Sicherheit; Ruhe, Frieden
無關心	무관심	Desinteresse
無理하다	무리하다	sich übernehmen
無産	무산	Besitzlosigkeit

一 1 4

不

아닐 부 [불]

nicht; kein; un-, a-

不動産	부동산	Immobilien; Liegenschaft
不足	부족	Mangel, Defizit
不安	불안	Unruhe; Sorge
不平	불평	Beschwerde

非 8 8

非

아닐 비

nicht; falsch; schlecht

非理	비리	Korruption
非行	비행	Missetat, Übeltat
非生産	비생산	Unproduktivität
非文	비문	ungrammatikalischer Satz

木 4 5

未

아닐 미

nicht; noch nicht; un-

未安	미안	Bedauern; Unbehagen
未來	미래	Zukunft
未來像	미래상	Vision, Zukunftsvorstellung
未發表	미발표	unveröffentlicht

又 2 4

反

돌이킬 반

umkehren; verstoßen; gegen, anti-

反面	반면	Gegenseite, die andere Seite
反映	반영	Widerspiegelung, Reflexion
反目	반목	Feindschaft
反美	반미	anti-amerikanisch

寸 3 14

대할 대

gegenüberstehen; gegen, versus

反對	반대	Gegenteil; Widerstand
對外	대외	auswärtig
對美外交	대미외교	Politik gegenüber USA
對立	대립	Opposition; Konfrontation

入 2 6

온전할 전

gesamt, ganz, komplett

全國	전국	das ganze Land
全體	전체	Gesamtheit
安全	안전	Sicherheit
全局	전국	die allgemeine Situation

耂 4 9

놈 자

Kerl; Person

學者	학자	Wissenschaftler
記者	기자	Journalist, Berichterstatter
勞動者	노동자	Arbeiter
生産者	생산자	Erzeuger, Hersteller

口 3 10

인원 원

Personenzahl; Mitglied; rund

人員	인원	Zahl der Personen; Personal
會社員	회사원	Firmenangestellter
公務員	공무원	Beamter
會員	회원	Mitglied

白 5 8

的

과녁 적

Ziel; Zweck; *-isch, -ig, -lich* (*Adj.-Suffix*)

心理的	심리적	psychologisch
現代的	현대적	modern
社會的	사회적	gesellschaftlich
目的	목적	Ziel; Zweck

Übungen zu den Lektionen

Übungen zu Lektion 1

1. Schreiben Sie in Hanja.

삼인 → ____ ____   사인 → ____ ____

1.000 ₩ → ____ ₩   8.000 ₩ → ____ ____ ₩

10.000 ₩ → ____ ₩   50.000 ₩ → ____ ____ ₩

701 ₩ → ____ ____ ____ ₩

2.394 ₩ → ____ ____ ____ ____ ____ ____ ____ ₩

68.157 ₩ → ____ ____ ____ ____ ____ ____

____ ____ ₩

2. Ergänzen Sie jeweils die passende Zahl in Hanja.

一 + 九 = 十	三 + ____ = 十	八 + ____ = 十
四 + ____ = 十	九 + ____ = 十	二 + ____ = 十
七 + ____ = 十	六 + ____ = 十	五 + ____ = 十

3. Ergänzen Sie Bedeutung und Lesung wie im Beispiel. Die Schriftzeichen ergeben von oben nach unten gelesen je ein Wort.

五	다섯	오	一			七		
十	열	십	二			人		

八			百			四		
千			萬			十		

4. Was ist gemeint? Übersetzen Sie die Begriffe ins Deutsche.

㉠ 萬能[능] : ______________________________

z.B. 뮤지컬 배우들은 연극 뿐만 아니라, 노래도 부르고 춤까지 출 줄 알아야 해서 萬能[능] 연예인이라고 할 수 있다.

㉡ 萬事[사] : ______________________________

z.B. 그는 기자이기 때문에 세상 萬事[사]에 관심이 많다.

㉢ 萬卷[권] : ______________________________

z.B. 일생에 萬卷[권]의 도서를 독파해도 다 기억하지 못할 것이다. 그러나 읽은 다음에 과연 이전과 같은 사람일까?

㉣ 萬國[국] : ______________________________

z.B. 올림픽 개막식에 萬國旗[기]가 바람에 펄럭거려 감탄했다.

5. Lesen Sie und vervollständigen Sie den Lückentext.

㉠ 다양한 호칭 중에, 대한민국 정부와 대다수의 한국 언론은 한국전쟁을 공식적으로 「____ ____ ____ 전쟁」으로 명칭하고 있다.

㉡ 혹시 있을지도 모르지만 一萬 가운데 하나 정도로 가능성이 아주 낮다고 말하고 싶을 때 쓰는 한국어 표현이 있다. 예를 들어서: 「____ ____ 내가 복권에 당첨되면 강남에 아파트를 사고 싶어요.」

㉢ ____ ____선은 오늘날 남북의 경계선의 역할을 하고 있다.

㉣ 몇명(서너 사람)이 모여서 다니거나 같이 어떤 일을 하는 모양을 「____ ____ ____ ____로 모인다」고 표현한다.

㉤ 독일에서 ____ ____세부터 부모의 감독 없이 차를 운전해도 된다.

㉥ 속담: 「____ ____ ____色(색)」의 뜻은 사람마다 외모, 취미, 생각 등이 다르다는 의미이다.

㉦ 컵에 물이 아직도 ____이나 남아 있다.

㉧ 성공의 ____(8)割(할)은 一旦(단) 출석하는 것이다.

6. Lesen Sie den Dialog und beantworten Sie die Fragen.

후배: 요새 공무원 시험을 준비하느라고 유물과 연도, 그리고 한자 등 외워야 할 정보가 많아요. 근데 제가 돌머리인 것 같아요. 오늘 외운 내용을 내일 또 보면 半 이상은 잊어버리는 것 같아요.

선배: 사람은 누구나 잊어버리는 거니까 당연한 거예요. 보통 二十四시간이 지나면 몇 프로가 머리속에 남는 것 같아요?

후배: 제 경험으로는 三十 아니면 四十프로 정도예요.

선배: 실험 결과에 따르면 공부할 내용을 사전 외우듯이 익히면 六十분만 지나도 거의 五十프로 이상이 없어진다고 해요. 인과관계를 이용해서 그 안에서 이야기 흐름을 구성해서 외운다면 보다 쉽게 이해할 수 있을 거예요.

후배: 그렇군요. 다른 방법도 있나요?

선배: 나머지는 복습에 달려 있어요. 두가지 예를 드릴게요. A 란 학생은 공부한 내용을 다시 훑어보고, 반복해서 눈으로만 봐요. 반면에 B 란 학생은 그것을 단순히 읽는 게 아니라 손으로 문장을 가린 다음에 계속해서 테스트를 내요. 결과는 三十대 八十이에요. B 학생의 복습 방법을 사용할 때에는 八十프로가 기억에 남아요. 그런 식으로 해 보세요.

후배: 감사합니다.

선배: 시험까지 며칠 남았지요?

후배: 九월三十一일이에요. 한 七개월 남았어요.

㉠ An wie viel Prozent des am Vortag Gelernten erinnert sich der 후배 normalerweise? → Er erinnert sich noch an ________-________ Prozent.

㉡ Wie viel Prozent behält man nach einer Stunde, wenn stur auswendig gelernt wird? → Weniger als __________ Prozent.

㉢ Wie hoch ist die Merkfähigkeit nach der Lernmethode des Studenten A im genannten Beispiel? → Sie liegt bei __________ Prozent.

㉣ Für welches Datum ist die Prüfung angesetzt? → Für den __________.

7. Ergänzen Sie die Tabelle. Recherchieren Sie weitere Hanja, die das erste Schriftzeichen als Radikal aufweisen.

	十	千	半				
【훈】							
【음】							

8. Bestimmen Sie das Radikal.

㉠ ① 加 → ___ ② 京 → ___ ③ 小 → ___ ④ 凍 → ___

㉡ ① 古 → ___ ② 光 → ___ ③ 技 → ___ ④ 起 → ___

㉢ ① 客 → ___ ② 計 → ___ ③ 共 → ___ ④ 花 → ___

Zusätzlicher Wortschatz - Was bedeutet das Wort und mit welchem bekannten Hanja wird es geschrieben?

백성 인간 통일 적십자 만세
오미자 십상 백화점 사각형
백과사전 사거리 삼각대 삼각형 만리장성
일반 일박이일 사계절 노인
만능 개인 한반도 천리마 일부
성인 후반

Übungen zu Lektion 2

1. Ergänzen Sie die fünf Elemente.

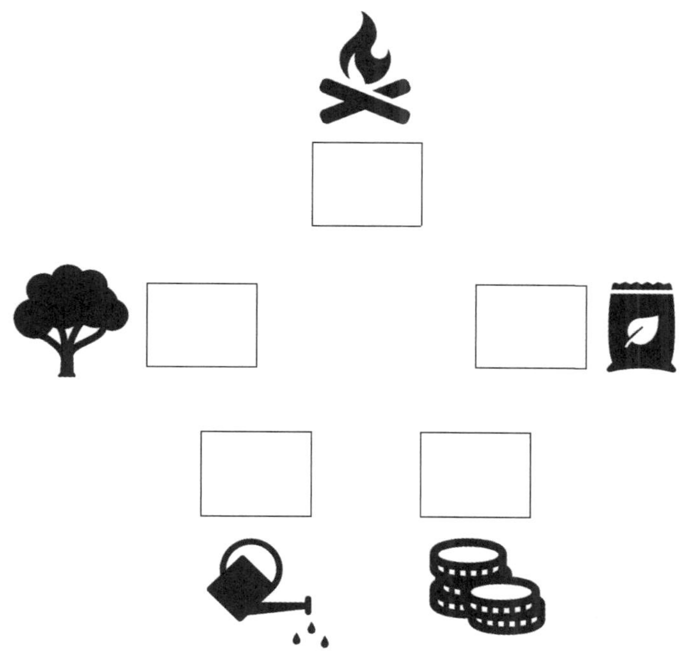

2. Ergänzen Sie Bedeutung und Lesung. Die Schriftzeichen ergeben von oben nach unten gelesen je ein Wort.

六		
月		

曜		
日		

本		
來		

時		
間		

水		
分		

每		
年		

3. ***Tragen Sie wie im ersten Beispiel ein passendes Hanja in die Lücke ein, sodass sich sowohl von oben nach unten als auch von links nach rechts gelesen ein Wort ergibt.***

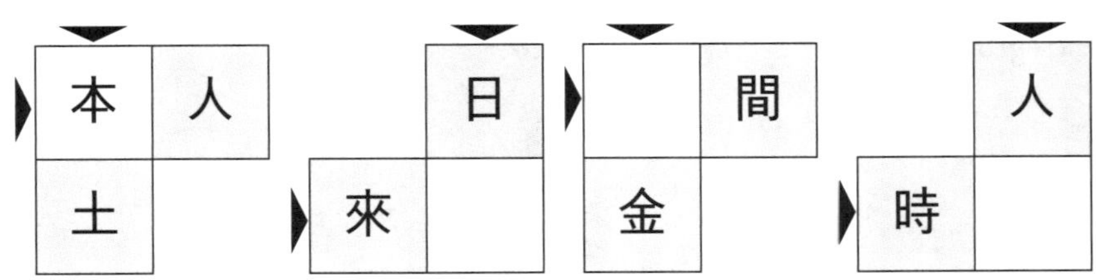

4. ***Wählen Sie jeweils das passende Hanja aus.***

1 2 3 4
<u>매일</u> 몇 <u>시간</u> 수업이 있어요?

1. ㉠苺 ㉡莓 ㉢每 ㉣母
2. ㉠一 ㉡日 ㉢白 ㉣月
3. ㉠詩 ㉡侍 ㉢寺 ㉣時
4. ㉠間 ㉡門 ㉢開 ㉣聞

1 2 3 4
<u>내년</u>에 섬과 <u>본토</u>를 연결하는
다리가 건설될 거예요.

1. ㉠木 ㉡未 ㉢來 ㉣米
2. ㉠年 ㉡天 ㉢千 ㉣季
3. ㉠炑 ㉡十 ㉢木 ㉣本
4. ㉠主 ㉡土 ㉢十 ㉣什

1 2 3
스님은 <u>십분</u> 뒤에 <u>목</u>탁을
칠 겁니다.

1. ㉠二 ㉡十 ㉢三 ㉣千
2. ㉠分 ㉡刀 ㉢入 ㉣八
3. ㉠本 ㉡木 ㉢休 ㉣本

1988 년 하계 올림픽은
1 2 3 4
<u>1</u>98<u>8</u> 년 <u>9월</u> 17 일에 서울에서
개최되었다.

1. ㉠年 ㉡每 ㉢千 ㉣干
2. ㉠入 ㉡八 ㉢人 ㉣六
3. ㉠見 ㉡九 ㉢曜 ㉣時
4. ㉠日 ㉡目 ㉢風 ㉣月

5. Schlagen Sie folgende Schriftzeichen mithilfe des Radikals (부수) nach und ergänzen Sie.

個	부수	亻	총획수		秒	부수	禾	총획수	
	【훈】: 【음】:					【훈】: 【음】:			
	Bed.:					Bed.:			
週	부수	辶	총획수		末	부수	木	총획수	
	【훈】: 【음】:					【훈】: 【음】:			
	Bed.:					Bed.:			

星	부수	日	총획수		火星: ___성 Bed.: ________ 水星: ___성 Bed.: ________
	【훈】: 【음】:				木星: ___성 Bed.: ________ 金星: ___성 Bed.: ________
	Bed.:				土星: ___성 Bed.: ________

6. Ergänzen Sie die Lücken und lesen Sie unter Zuhilfenahme der Hanja aus Aufgabe 5.

㉠ 一年은 _____ _____個月로 구성되어 있다. 다시 말해서 一年에서 해가 _____ _____ _____ _____ _____번 뜬다. 每日 日出(출)로 새로운 하루가 시작된다. 12 月 마지막 날에는 사람들은 한 해를 마무리하기 위해서 곳곳에서 불꽃놀이를 즐긴다. 이와 같이 사람들이 흔히 年末 축제를 갖는 날은 _____ _____月 _____ _____ _____日이다.

㉡ 一年보다 작은 時間 단위인 一個月에는 _____週가 있다. 一個月의 길이는 一定(정)하지 않다. 예를 들어 二月에는 _____ _____ _____日이 있으나, 八月에는 _____ _____ _____日이 있다.

ⓒ 一週日에는 ____日이 있다. 한 週는 ____曜日으로 시작된다. ____曜日은 한 週의 셋째 날, ____曜日은 한 週의 다섯째 날이다. ____曜日은 한 週의 마지막 날이다.

ⓔ 하루는 ____ ____ ____時間으로 나눌 수 있다. 한 時間은 ____ ____分으로 나눌 수 있고, 一分은 ____ ____秒이다.

7. Ergänzen Sie die Tabelle. Recherchieren Sie weitere Hanja, die das erste Schriftzeichen als Radikal aufweisen.

	木	本					
【훈】							
【음】							

Zusätzlicher Wortschatz - Was bedeutet das Wort und mit welchem bekannten Hanja wird es geschrieben?

국토 분리 왕래 시대 월말 시계 근본 거래 중간
미래 세금 시차 월세 작년 목재 간격 금메달 휴일
일기 공간 금액 학년 성분 순간 잠수 홍수 온수
수분 화산 냉수 주년 영토 소년 연말 분야 방수
금년 신년 충분 분명하다 금요일 벌금 분석 당시 부분
기본 수영 동시 본능 분류

Übungen zu Lektion 3

1. Ergänzen Sie die Positionen (oben - unten - links - rechts).

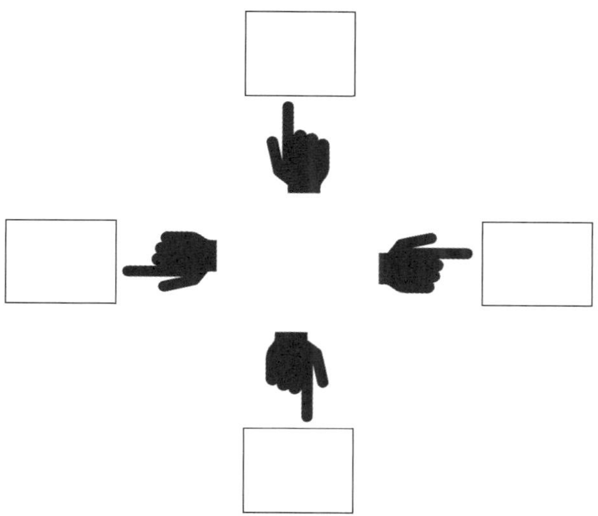

2. Ergänzen Sie Bedeutung und Lesung. Die Schriftzeichen ergeben von oben nach unten gelesen je ein Wort.

國		
內		

左		
右		

以		
後		

本		
土		

外		
出		

入		
口		

3. Tragen Sie je ein passendes Hanja in die Lücken ein.

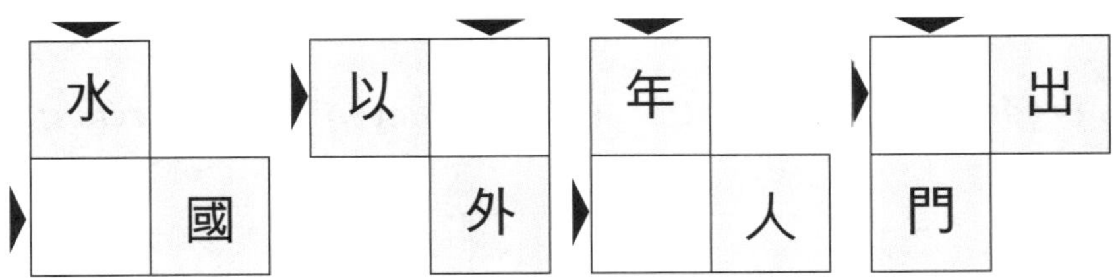

4. Ordnen Sie die koreanische Übersetzung zu.

in alle Richtungen	•	•	以內
innerhalb	•	•	月出
Einnahmen und Ausgaben	•	•	國土
Sonnenaufgang	•	•	前後
Bevölkerung	•	•	百年前
vor hundert Jahren	•	•	前後左右
Mondaufgang	•	•	日出
ungefähr	•	•	下人
Diener	•	•	入出
Landesgebiet	•	•	人口

5. Schreiben Sie das Gegenteil.

㉠ 左 ↔ ____　　㉡ 內國 ↔ ____ ____

㉢ 入國 ↔ ____ ____　　㉣ 水中 ↔ ____ ____

㉤ 前 ↔ ____　　㉥ 出口 ↔ ____ ____

㉦ 年上 ↔ ____ ____　　㉧ 火 ↔ ____

6. Welches Schriftzeichen haben alle vier Wörter gemeinsam?

㉠ _____ → ① 수출 ② 일출 ③ 출석 ④ 가출

㉡ _____ → ① 영하 ② 하락 ③ 지하 ④ 하체

㉢ _____ → ① 좌뇌 ② 좌측 ③ 좌우 ④ 좌회전

㉣ _____ → ① 최후 ② 후회 ③ 후기 ④ 후계자

7. Füllen Sie die Lücken sinnvoll aus.

㉠ **지민:** _____ _____(본래) 午(오)_____(후) 다섯 時에 다 모여서 회의를 하기로 했는데 제 個(개)_____(인) 사정으로 회의를 취소하게 되었습니다.

은혜: 알겠습니다. _____ _____(내일) _____ _____(시간)이 되실 때 새로운 회의 時間을 정하면 좋겠습니다.

㉡ **윤아:** _____(좌)回轉(회전)하기 _____(전)에 왼쪽만 보지 말고 오른쪽에서 차가 오고 있는지도 확인해야지.

동욱: 미안해요. 동생의 대학 _____(입)學式(학식)에 늦을까 봐 마음이 너무 급했나 봐요. 앞으로 조심할게요.

㉢ **철수:** 다음 週(주)_____(중)에 市(시)_____(내)에 있는 신축 아파트로 이사한다고 했지요?

민아: 네, 지금까지 窓(창)_____(문)도 없는 地(지)_____(하)에 위치한 캄캄한 방에서 생활하고 있었기 때문에 참으로 기대되네요.

㉣ **윤수:** _____ _____(중국) _____(상)海(해)행 비행기표를 예매했다고요?

상훈: 다음 달부터 _____(월)給(급)이 引(인)_____(상)된다는 기쁜 소식을 들었거든요! 그 돈으로 꼭 海(해)_____(외)여행을 가고 싶었어요.

8. *Ergänzen Sie die Tabelle. Recherchieren Sie weitere Hanja, die das erste Schriftzeichen als Radikal aufweisen.*

	一	三	七	上	下		
【훈】							
【음】							

9. *Schlagen Sie die folgenden Hanja mithilfe der Gesamtstrichzahl in einem (digitalen) Schriftzeichenlexikon nach.*

龍	부수		총획수		雞	부수		총획수	
	【훈】: 【음】:					【훈】: 【음】:			
	Bed.:					Bed.:			
鼠	부수		총획수		豬	부수		총획수	
	【훈】: 【음】:					【훈】: 【음】:			
	Bed.:					Bed.:			

Zusätzlicher Wortschatz - Was bedeutet das Wort und mit welchem bekannten Hanja wird es geschrieben?

후회 하락 출발 집중 중단
천국 우익 외교 출석 우파
수출 영하 오전 비상구 내성적
좌회전 예외 국내 식구 입장
좌파 해외 제출 우회전 실내
극우 국가 수입 국제 중앙
후배 오후 전국 전문가 선입견

Übungen zu Lektion 4

1. Beschriften Sie den Familienstammbaum mit den passenden Hanja.

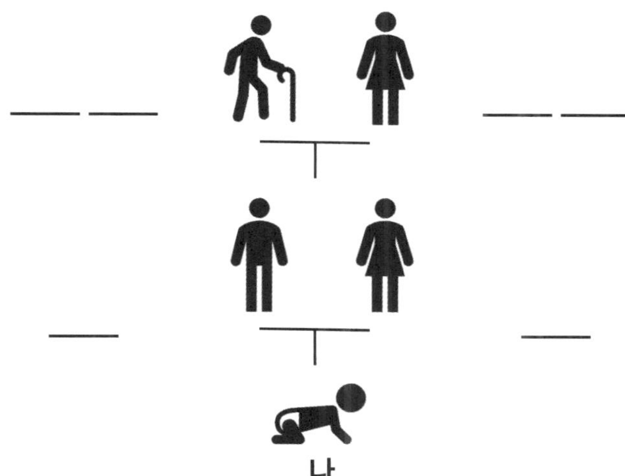

2. Ergänzen Sie Bedeutung und Lesung. Die Schriftzeichen ergeben von oben nach unten gelesen je ein Wort.

3. Ordnen Sie die koreanische Übersetzung zu.

Familienoberhaupt	•	•	人性
Charakter	•	•	同時
Vaterland	•	•	母子
gleichzeitig	•	•	家出
ältester Sohn	•	•	家長
Staat	•	•	國家
früheres Leben	•	•	先祖
von zu Hause weglaufen	•	•	前生
Mutter und Sohn	•	•	祖國
Vorfahren	•	•	長男

4. Finden Sie ein Synonym und schreiben Sie dies in Hanja.

㉠ 맏딸 → ____ ____		㉡ 같은 날 → ____ ____
㉢ 아들과 딸 → ____ ____		㉣ 자기가 태어난 나라 → ____ ____
㉤ 같은 겨레 → ____ ____		㉥ 죽은 뒤 → ____ ____

5. Welches Schriftzeichen haben alle vier Wörter gemeinsam?

㉠	____ →	① 동생	② 생사	③ 생일	④ 선생
㉡	____ →	① 매일	② 매년	③ 매월	④ 매주
㉢	____ →	① 인간	② 순간	③ 기간	④ 시간
㉣	____ →	① 국가	② 가족	③ 가정	④ 소설가

6. Welches Wort bzw. welche Wörter werden mit dem folgenden Schriftzeichen geschrieben?

㉠	同	→	① 동양	② 동물	③ 동갑	④ 동일
㉡	死	→	① 사망	② 사탕	③ 사실	④ 사료
㉢	長	→	① 장난	② 장남	③ 부장	④ 냉장고
㉣	門	→	① 문제	② 교문	③ 논문	④ 동대문
㉤	水	→	① 온수	② 수업	③ 수집	④ 수건

7. Richtig (O) oder falsch (X)? Kreuzen Sie an und korrigieren Sie die Hanja, wenn erforderlich.

		O	X	
㉠	母子 (모자)	□	□	____ ____
㉡	先粗 (선조)	□	□	____ ____
㉢	出人口 (출입구)	□	□	____ ____ ____
㉣	女同性 (여동생)	□	□	____ ____ ____

8. Was bedeutet die folgende Redewendung?

十中八九

Lesung ____ ____ ____ ____

Beispiel 우리 회사 부장님은 일처리를 매우 꼼꼼하게 검토하는 사람이다. 제출된 보고서가 완벽히 준비가 되어 있지 않으면 十中八九 다시 써오라고 하신다.

9. Was ist gemeint? Übersetzen Sie die Begriffe ins Deutsche.

㉠ 歷史(역사)家 : ______________________________

z.B. 歷史(역사)를 전문으로 연구하는 사람을 歷史(역사)家라고 한다.

㉡ 畵(화)家 : ______________________________

z.B. 김홍도는 풍속화로 유명한 조선시대 畵(화)家이다.

㉢ 建築(건축)家 : ______________________________

z.B. 建築(건축) 家들은 과거에 손으로 작업했지만, 오늘날에는 컴퓨터로 작업한다.

㉣ 專(전)門家 : ______________________________

z.B. 정상회담을 하루 앞둔 水曜日 午(오) 後에 마련된 토론회에서 專(전)門家들은 비핵화 및 평화에 관해 다양한 의견을 주고 받았다.

10. Ergänzen Sie die Lücken sinnvoll.

㉠ 同_____ 에 두 가지 일을 하는 것은 어렵다.

㉡ 교통사고가 발생했을 때 신속한 구조가 生_____를 左右한다.

㉢ 법률이 제정되었으나 _____ _____ 평등은 아직 실현되지 못했다.

㉣ 독일어 名詞(사)의 _____ 은 男_____ (der), _____性 (die), _____性 (das) 셋으로 나누어진다.

㉤ 노마 진 모턴슨 _____ _____ 마릴린 먼로는 1950~60 年代(대)의 섹스 심벌이다.

11. Ergänzen Sie die Tabelle. Recherchieren Sie weitere Hanja, die das erste Schriftzeichen als Radikal aufweisen.

	口	右	同	名			
【훈】							
【음】							

12. Schlagen Sie die folgenden Hanja mithilfe der Schreiberkennung nach.

Die Digitalisierung hat die Verwendung von gedruckten Hanja-Lexika weitestgehend obsolet gemacht und sehr vereinfacht. Sie ermöglicht die Suche der Schriftzeichen, indem diese einfach nachgeschrieben werden. Diese Funktionen finden Sie beispielsweise bei Online-Lexika, diversen Hanja-Apps oder bei der Koreanischen Tastatur-Eingabe (Stichwort IMEPad).

姊	부수		총획수		弟	부수		총획수	
	【훈】: 【음】:					【훈】: 【음】:			
	Bed.:					Bed.:			
兄	부수		총획수		妹	부수		총획수	
	【훈】: 【음】:					【훈】: 【음】:			
	Bed.:					Bed.:			
夫	부수		총획수		婦	부수		총획수	
	【훈】: 【음】:					【훈】: 【음】:			
	Bed.:					Bed.:			

13. Wiederholung - Ergänzen Sie die Tabelle.

Hanja	hun-Lesung	ŭm-Lesung
每		
	왼	
半		
名		
	써	
生		
	일곱	
	죽을	
曜		

Zusätzlicher Wortschatz - Was bedeutet das Wort und mit welchem bekannten Hanja wird es geschrieben?

여신 선장 반장 마녀
민족 장수 사모님 유족
여군 사형 교장 시조
유명 전문가 선배 생존자
성별 동감 성명 선불
시장 동갑 이모 족보
동화 귀족 건축가 자식
여왕 생활 생강 손자
학생 왕자 장점 유전자
공동 수족관 신부 생방송
소설가 남편 생명 동의
선진국 동맹 미남 사망
고생 위험성 과자 상대성이론

Übungen zu Lektion 5

1. Ergänzen Sie Bedeutung und Lesung. Die Schriftzeichen ergeben von oben nach unten gelesen je ein Wort.

在		
中		

教		
室		

圖		
書		

高		
等		

科		
學		

校		
門		

2. Tragen Sie je ein passendes Hanja in die Lücken ein.

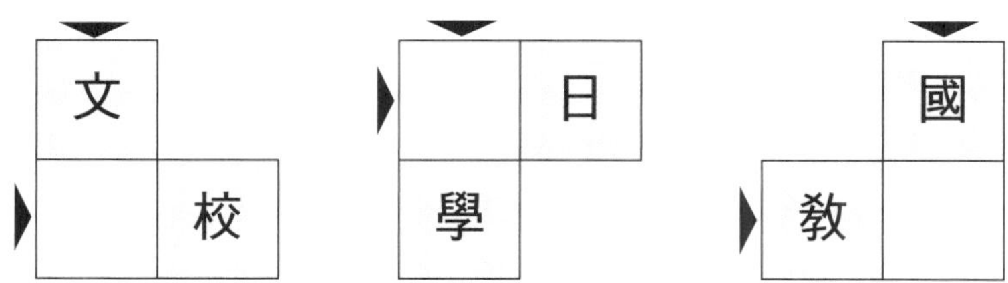

3. Finden Sie ein Synonym und schreiben Sie in Hanja.

㉠ 책	→ ____ ____	㉡ 어른	→ ____ ____
㉢ 그림	→ ____ ____	㉣ 큰 모임	→ ____ ____
㉤ 쉬는 날	→ ____ ____	㉥ 방 안	→ ____ ____

4. *Identifizieren Sie die Vokabeln, die nicht mit dem jeweiligen Hanja geschrieben werden.*

㉠	教	→	① 학교	② 교육	③ 교수	④ 교류
㉡	祖	→	① 조부	② 조국	③ 조립	④ 조상
㉢	前	→	① 전체	② 전쟁	③ 이전	④ 전생
㉣	火	→	① 화산	② 화력	③ 백화	④ 화합
㉤	百	→	① 백일	② 백서	③ 백성	④ 백두산

5. *Ordnen Sie die koreanische Übersetzung zu.*

Vorwort	•	•	學年
in Japan	•	•	前文
Parlament	•	•	國會
Schuljahr	•	•	教生
Oberschule	•	•	在日
Einschulung	•	•	入學
Referendar	•	•	高校

6. *Richtig (O) oder falsch (X)? Kreuzen Sie an und korrigieren Sie die Hanja, wenn erforderlich.*

		O	X	
㉠	大學教 (대학교)	☐	☐	____ ____ ____
㉡	土學 (재학)	☐	☐	____ ____
㉢	一曜日 (일요일)	☐	☐	____ ____ ____
㉣	祖會學 (사회학)	☐	☐	____ ____ ____

7. Was bedeutet die folgende Redewendung?

九 死 一 生

Lesung ____ ____ ____ ____

Beispiel 어제 동물원에서 호랑이에 물려 九死一生한 남성은 입장료를 아끼려고 동물원 외벽을 넘다 호랑이 우리로 들어가는 바람에 사고가 났다.

8. Schreiben Sie das Hanja, das zu den grau unterlegten Silben passt, in das jeweilige Kästchen auf der linken Seite.

나의 학교 생활과 꿈

나는 슈투트가르트에서 학창 시절을 보냈다. 어렸을 때부터 나는 언어 과목을 좋아했다. 언어 과목에 대한 나의 애정은 교실을 넘어 지역 사회에서도 이어졌다. 고등학교 시절에는 난민들에게 독일어를 가르치는 동호회에서 활동했다. 우리 모임은 슈투트가르트 도서관에서 정기적으로 모임을 가졌다. 이후 나는 대학 전공으로 한국학을 선택해서 한국의 문화와 언어를 배웠다. 한국으로 교환학생을가기 위해 1 년간 휴학을 하고 아르바이트를 하며 돈을 모으기도 했다. 현재는 한국과 독일의 문학 작품을 번역하는 일을 배우고 있고, 앞으로 다양한 문학을 양국에 소개하는 것이 꿈이다.

9. Füllen Sie das Kreuzworträtsel mit den passenden Hanja.

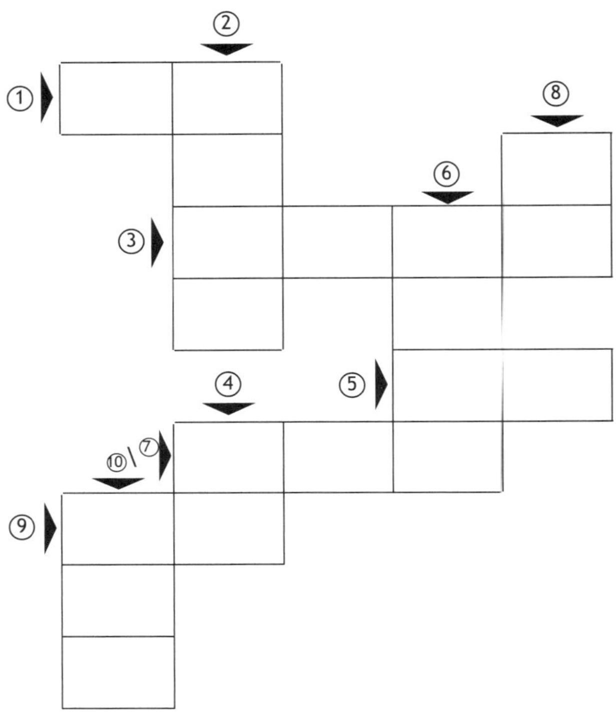

horizontal:	*vertikal:*
① Feiertag	② Abteilung für Japanologie
③ Fachschaftsvorsitzender	④ Klassenzimmer
⑤ Literat	⑥ Firmendokumente
⑦ Lehrbuch	⑧ Abteilungsleiter
⑨ Betreten eines Zimmers	⑩ Immatrikulationsgebühr

10. *Ergänzen Sie die Tabelle. Recherchieren Sie weitere Hanja, die das erste Schriftzeichen als Radikal aufweisen.*

	日	曜	時				
【훈】							
【음】							

11. *Schreiben Sie das ursprüngliche Radikal der Kurzform sowie dessen deutsche Bedeutung.*

㉠ ① 犭 → ____ ____________ ② 灬 → ____ ____________

㉡ ① 扌 → ____ ____________ ② 氵 → ____ ____________

㉢ ① 礻 → ____ ____________ ② 亻 → ____ ____________

㉣ ① 牜 → ____ ____________ ② 王 → ____ ____________

㉤ ① 衤 → ____ ____________ ② 月 → ____ ____________

㉥ ① 刂 → ____ ____________ ② 忄 → ____ ____________

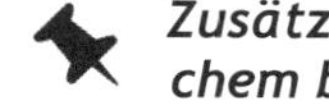

Zusätzlicher Wortschatz - Was bedeutet das Wort und mit welchem bekannten Hanja wird es geschrieben?

교복 이력서 평등 여관 서예
회사 휴전 교황 휴업 치과
불교 유학 서점 논문 문장
독서 대기업 교육 문법 안과
지도 기회 도장 사회 박물관
미술관 과학 대형 학자 대사관
낙서 고속 등급 과목 휴지
수족관 교수 최고 종교 대도시

Übungen zu Lektion 6

1. *Im Koreanischen sind zusammengesetzte Wörter aus einer Hanja-Komponente und einem Wort reinkoreanischen Ursprungs keine Seltenheit. Bestimmen Sie jeweils Hangŭl- und Hanja-Komponente und notieren Sie die entsprechenden Schriftzeichen.*

	Kompositum	Hangŭl-Komponente	Hanja- Komponente	Schriftzeichen
㉠	오월달			
㉡	생고기			
㉢	본보기			
㉣	가게문			
㉤	훗날			
㉥	반바지			
㉦	대머리			

2. *Ergänzen Sie Bedeutung und Lesung. Die Schriftzeichen ergeben von oben nach unten gelesen je ein Wort.*

漢		
字		

言		
語		

社		
會		

論		
文		

音		
樂		

歷		
史		

3. 理科 oder 文科? Ordnen Sie die Begriffe dem passenden Bereich zu.

言語學 - 化學 - 國文學 - 言論學 - 物理學 - 生物學 - 音樂 - 史學

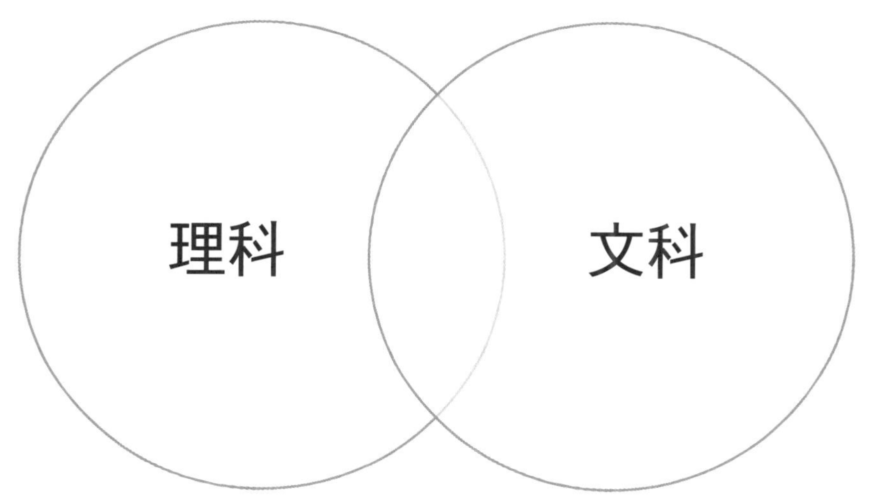

4. Ordnen Sie die koreanische Übersetzung zu.

Zentrale	•	•	音樂會
Biologie	•	•	生物學
Physik	•	•	樂園
Paradies	•	•	化學
Chemie	•	•	物理學
Konzert	•	•	本社
Argumentation	•	•	論法
Linguistik	•	•	言論
Presse	•	•	言語學

5. *Welches Wort bzw. welche Wörter werden mit dem folgenden Schriftzeichen geschrieben?*

㉠ 樂 → ① 악화 ② 낙원 ③ 악어 ④ 오락실

㉡ 物 → ① 보물 ② 괴물 ③ 인물 ④ 박물관

㉢ 字 → ① 숫자 ② 자만 ③ 자판 ④ 타자기

㉣ 記 → ① 기억 ② 사기 ③ 기사 ④ 기념식

㉤ 漢 → ① 제한 ② 한강 ③ 한계 ④ 한라산

6. *Schreiben Sie folgende Begriffe in Hangŭl und übersetzen Sie.*

㉠	理論 _____ _____ (__________)	論理 _____ _____ (__________)
㉡	會社 _____ _____ (__________)	社會 _____ _____ (__________)
㉢	學科 _____ _____ (__________)	科學 _____ _____ (__________)
㉣	文人 _____ _____ (__________)	人文 _____ _____ (__________)

7. *Was bedeutet die folgende Redewendung?*

一口二言

Lesung _____ _____ _____ _____

Beispiel 그는 一口二言을 밥 먹듯이 하니까 아무도 그를 믿지 않는다.

8. *Was ist gemeint? Übersetzen Sie die Begriffe ins Deutsche.*

㉠ 合法化 (합) : ______________________________

z.B. 동성결혼을 合法化(합)하는 國家가 점차 늘어나고 있다.

㉡ 活(활)性化 : ______________________

z.B. 金文人 先生은 讀(독)書 討(토)論 모임을 活(활)性化시키는 방안을 모색하려 한다.

㉢ 社會化 : ______________________

z.B. 社會化란 개인이 사회에 적응하며 살아가기 위해 社會 구성원들과 상호작용을 하고, 社會生活(활)에 필요한 가치, 기술, 지식 等을 배우는 것을 말한다.

9. Ergänzen Sie die Tabelle. Recherchieren Sie weitere Hanja, die das erste Schriftzeichen als Radikal aufweisen.

	言	語	論	記			
【훈】							
【음】							

Zusätzlicher Wortschatz - Was bedeutet das Wort und mit welchem bekannten Hanja wird es geschrieben?

마법 어색하다 단어 윤리 사료
법원 기사 방언 이력서
동물 요리 타자기 세계사 예언
결론 기록 증언 건물
보물 토론 음악 오락실 음성
악기 소화 악단 사극
물건 헌법 기념식 괴물 조언
출판사 어순 식물 자판

Übungen zu Lektion 7

1. Ergänzen Sie die entsprechenden Körperteile.

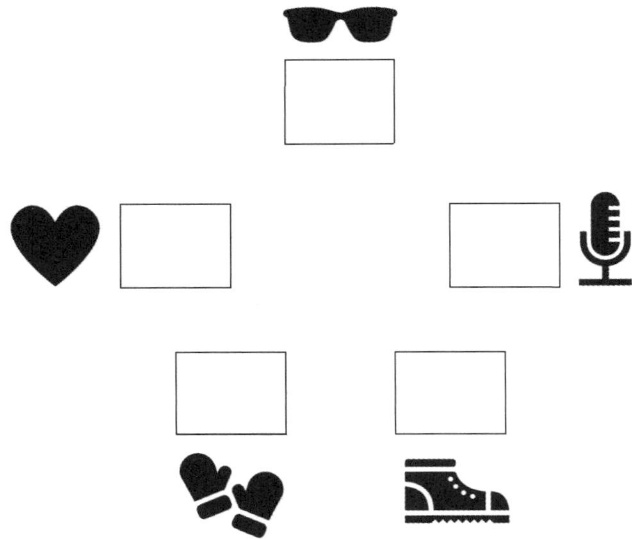

2. Ergänzen Sie Bedeutung und Lesung. Die Schriftzeichen ergeben von oben nach unten gelesen je ein Wort.

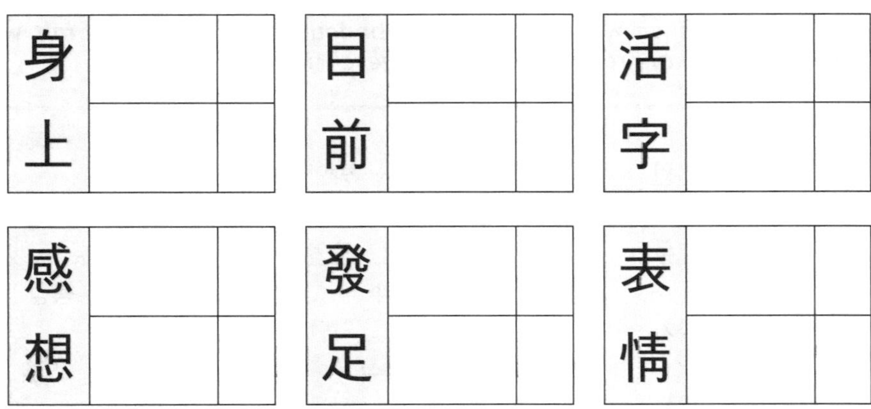

身		
上		

目		
前		

活		
字		

感		
想		

發		
足		

表		
情		

3. Tragen Sie je ein passendes Hanja in die Lücken ein.

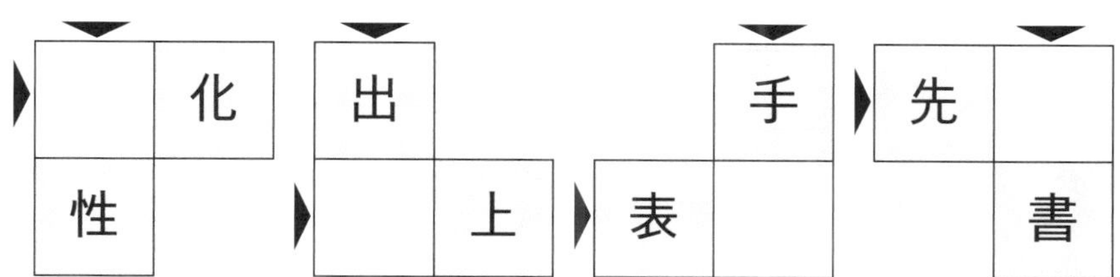

4. Ordnen Sie die koreanische Übersetzung zu.

Psyche	•	•	見學
Wasserkraft	•	•	發足
Mitgefühl	•	•	年表
Anfang	•	•	同感
Zeittafel	•	•	表情
Ausbruch	•	•	心理
Besichtigung	•	•	水力
Gesichtsausdruck	•	•	發生

5. Richtig (O) oder falsch (X)? Kreuzen Sie an und korrigieren Sie die Hanja, wenn erforderlich.

			O	X	
㉠	足表	(발표)	☐	☐	_____ _____
㉡	科木	(과목)	☐	☐	_____ _____
㉢	出發	(출발)	☐	☐	_____ _____
㉣	見書	(각서)	☐	☐	_____ _____
㉤	目學	(견학)	☐	☐	_____ _____

6. Finden Sie ein Synonym und schreiben Sie in Hanja.

㉠ 키 → ____ ____　　㉡ 마음과 몸 → ____ ____

㉢ 가운데 → ____ ____　　㉣ 아이디어 → ____ ____

㉤ 사람의 힘 → ____ ____　　㉥ 느낌 → ____ ____

7. Welche Schriftzeichen haben die gleiche Lesung?

㉠ 來 → ① 內　② 年　③ 女　④ 力

㉡ 理 → ① 以　② 外　③ 二　④ 人

㉢ 目 → ① 物　② 木　③ 論　④ 文

㉣ 足 → ① 族　② 社　③ 字　④ 同

㉤ 手 → ① 水　② 書　③ 高　④ 等

㉥ 力 → ① 室　② 女　③ 大　④ 歷

8. Welches Wort bzw. welche Wörter werden mit dem folgenden Schriftzeichen geschrieben?

㉠ 心 → ① 관심　② 안심　③ 결심　④ 욕심

㉡ 活 → ① 부활　② 활발　③ 활성　④ 활과 화살

㉢ 見 → ① 견해　② 발견　③ 견학　④ 회견

㉣ 目 → ① 목욕　② 목차　③ 항목　④ 목요일

㉤ 力 → ① 역사　② 입력　③ 역시　④ 순발력

㉥ 想 → ① 상상　② 이상　③ 연상　④ 감상

9. *Schreiben Sie folgende Begriffe in Hangŭl und übersetzen Sie.*

㉠	手足 ____ ____ (________)	水族 ____ ____ (________)
㉡	入手 ____ ____ (________)	入水 ____ ____ (________)
㉢	以上 ____ ____ (________)	理想 ____ ____ (________)
㉣	水法 ____ ____ (________)	手法 ____ ____ (________)

10. *Was bedeutet die folgende Redewendung?*

一心同體

Lesung ____ ____ ____ ____

Beispiel 팀원 모두 一心同體가 되어 열심한 결과, 이번 프로젝트에서 좋은 성과를 얻을 수 있었다.

11. *Lesen Sie und vervollständigen Sie den Lückentext.*

㉠ 내가 제일 좋아하는 ____ ____(과목)은 歷史이다. 우리 先生님은 ____ ____(연표)를 외우게 하지 않고 그 當(당)時에 사람들의 ____ ____(생활)이 어땠는지, 어떤 경험을 하고 세상을 어떤 식으로 이해했는지 等 그 ____ ____(심리)的(적) 차원까지 중요시한다. ____ ____(수기)는 과거 사람을 이해하는데 좋은 자료이다.

㉡ 中世(세) 유럽에서 ____ ____(교회)는 도시 ____ ____(중심)에 자리 잡고 있었다.

㉢ 북한 ____ ____(사회)의 계층구조는 ____ ____(가족)의 ____ ____(신분)이 세습되는 體制(제)이다.

㉣ 콜럼버스가 大西洋(서양)을 지나 새로운 땅을 ____ ____(발견)한 ____(후) 이탈리아 탐험가 아메리고 베스푸치는 이 大陸(륙)을 「신세계」라고 불렀다. 훗날 새 大陸(륙)은 그의 이름을 딴 「아메리카」라고 불리게 되었다.

12. Ergänzen Sie die Tabelle. Recherchieren Sie weitere Hanja, die das erste Schriftzeichen als Radikal aufweisen.

	心	感	想				
【훈】							
【음】							

Zusätzlicher Wortschatz - Was bedeutet das Wort und mit welchem bekannten Hanja wird es geschrieben?

실체 독신 전체 변신 예상 체계 의견 압력 협력 착각
박수 발명 이상 활동 감사 체육관 대신 선수 사정 양심
상상 편견 폭발 당신 실감 활발 자신 목적 노력 부족
활기 예감 주목 관심 수술 결심 사상 제목 목격 대표
재활용 자신감 수건 능력 매력 표시

Übungen zu Lektion 8

1. Ergänzen Sie die Himmelsrichtungen.

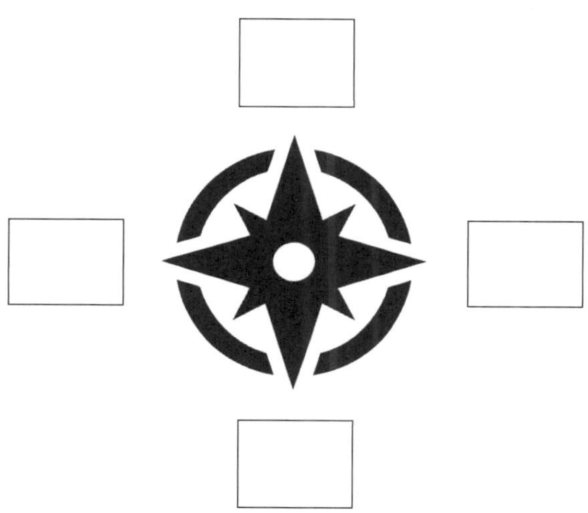

2. Ergänzen Sie Bedeutung und Lesung. Die Schriftzeichen ergeben von oben nach unten gelesen je ein Wort.

原			地			江		
理			方			北		

南			天			海		
美			性			物		

3. Schreiben Sie in Hangŭl.

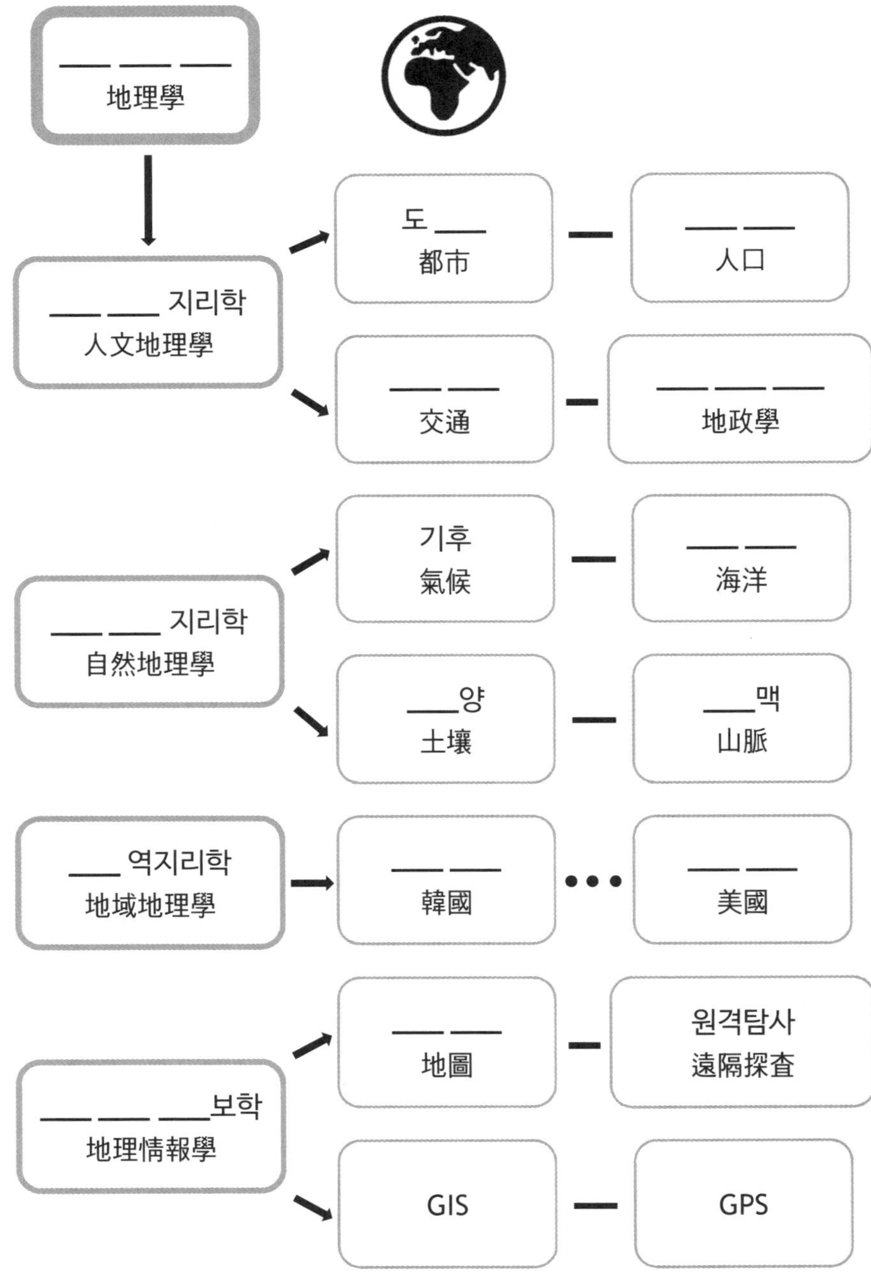

4. Schreiben Sie die von dem Österreicher Ernst von Hesse Wartegg in seinem Reisebericht genannten acht Provinzen (八道) in Hanja. Wo finden Sie diese auf der Karte wieder?

Die politische Eintheilung Korea's in 8 Provinzen oder „do" rührt von dem ersten Könige der gegenwärtig noch regierenden Dynastie her. Beginnend im äussersten Nordost und der Westküste gegen Süd und dann zurück nach Nordosten folgend, sind diese Provinzen die folgenden:

Koreanische Namen:	In deutscher Übersetzung:
1. Ham-gjong-do	= Vollkommener Spiegel.
2. Kang-wŏn-do	= Fluss-Wiesen Provinz.
3. Kjŏng-sang-do	= Ehrfurchtsvoller Glückwunsch.
4. Tschŏl-la-do	= Vollkommenes Netzwerk.
5. Tschung-tschong-do	= Erhabene Fürstentreue.
6. Kjŏng-kwi-do	= Hauptstädtische Provinz.
7. Hwang-hai-do	= Gelbes Meer-Provinz.
8. Pjŏng-an-do	= Ruhe und Frieden.

aus: *Eine Sommerreise nach dem Lande der Morgenruhe (1894)*

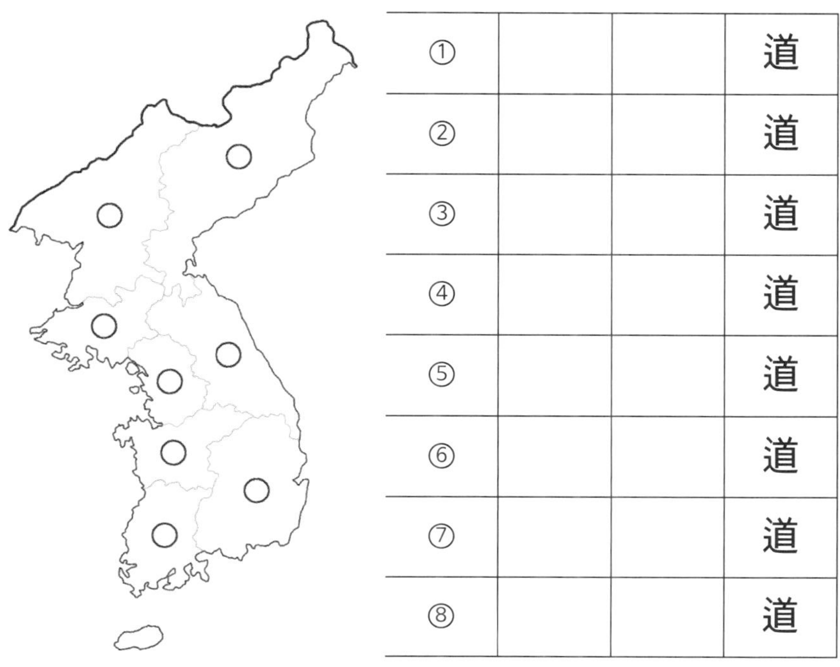

①			道
②			道
③			道
④			道
⑤			道
⑥			道
⑦			道
⑧			道

5. Ordnen Sie die koreanische Übersetzung zu.

Geographie	•	•	江山
Landschaft	•	•	中心地
Mittelpunkt	•	•	地理學
aktiver Vulkan	•	•	天文學
Astronomie	•	•	活火山
Abwasserkanal	•	•	下水道
Himmelskörper	•	•	天體

6. Welche Schriftzeichen haben die gleiche Lesung?

㉠	韓	→	① 一	② 每	③ 漢	④ 半
㉡	天	→	① 七	② 千	③ 百	④ 萬
㉢	道	→	① 圖	② 同	③ 中	④ 分
㉣	南	→	① 化	② 男	③ 科	④ 上
㉤	西	→	① 心	② 書	③ 四	④ 史

7. Welches Wort bzw. welche Wörter werden mit dem folgenden Schriftzeichen geschrieben?

㉠	地	→	① 토지	② 지역	③ 지금	④ 중심지
㉡	江	→	① 한강	② 생강	③ 건강	④ 강수량
㉢	美	→	① 미래	② 의미	③ 미각	④ 중남미
㉣	天	→	① 천국	② 천재	③ 천장	④ 추천서
㉤	道	→	① 온도	② 도입	③ 도전	④ 경상도

8. Was bedeutet die folgende Redewendung?

人山人海

Lesung ____ ____ ____ ____

Beispiel K-Pop 콘서트에 가니 여러 가수들의 팬들로 人山人海를 이뤘다.

9. Ergänzen Sie die Tabelle.

	水	漢	法	活	洋	海	江
【훈】							
【음】							

Zusätzlicher Wortschatz - Was bedeutet das Wort und mit welchem bekannten Hanja wird es geschrieben?

원료 극동 북경 양주 유도
도로 한복 해마 방향 복도
해초 원칙 태권도 등산 미용실
마천루 지역 양말 미술 해리
부산 한반도 양식 남극 방금
양파 묘지 호남 해안선 천사
방식 원인 해군 서구 북극
차도 해적 지옥 철도 금방
양배추 개천절 사방 울산 천재
양복 산맥 도덕 지구 빙산
한식 원자

Übungen zu Lektion 9

1. Ergänzen Sie die vier Jahreszeiten.

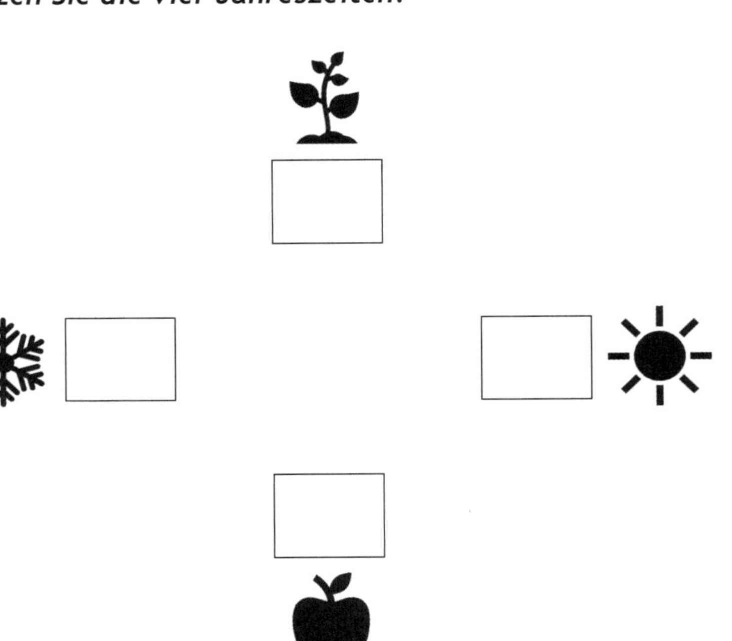

2. Ergänzen Sie Bedeutung und Lesung. Die Schriftzeichen ergeben von oben nach unten gelesen je ein Wort.

體		
溫		

春		
秋		

風		
雨		

夏		
期		

自		
然		

感		
氣		

3. Tragen Sie je ein passendes Hanja in die Lücken ein.

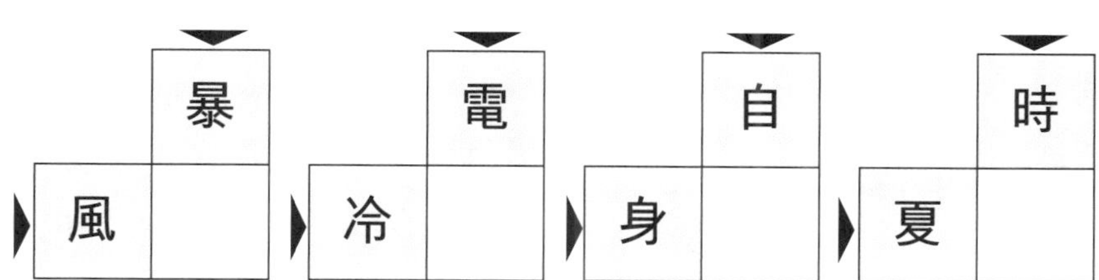

4. Schreiben Sie das Gegenteil.

㉠	休學 ↔ ____ ____		㉡	北方 ↔ ____ ____	
㉢	地上 ↔ ____ ____		㉣	東洋 ↔ ____ ____	
㉤	口語 ↔ ____ ____		㉥	夏 ↔ ____	

5. Schreiben Sie folgende Begriffe in Hangŭl und übersetzen Sie.

㉠	水溫 ____ ____ (__________)	溫水 ____ ____ (__________)
㉡	日氣 ____ ____ (__________)	日記 ____ ____ (__________)
㉢	市場 ____ ____ (__________)	市長 ____ ____ (__________)
㉣	前期 ____ ____ (__________)	電氣 ____ ____ (__________)

6. Welche Schriftzeichen haben die gleiche Lesung?

㉠ 氣 →	① 表	② 記	③ 期	④ 情
㉡ 夏 →	① 地	② 海	③ 下	④ 北
㉢ 雨 →	① 右	② 月	③ 方	④ 分
㉣ 冬 →	① 名	② 東	③ 同	④ 冷

7. Wählen Sie jeweils das passende Hanja aus.

1 2 3 4: 우기가 시작되면 감기에 걸리기 쉽다.

1. ㉠雲 ㉡雪 ㉢雨 ㉣究
2. ㉠旗 ㉡氣 ㉢記 ㉣期
3. ㉠感 ㉡精 ㉢見 ㉣覺
4. ㉠旗 ㉡氣 ㉢記 ㉣期

1 2 3 4: 오늘은 춘분이지만, 낮과 밤의 기온차가 아직도 크다.

1. ㉠花 ㉡火 ㉢化 ㉣春
2. ㉠八 ㉡刀 ㉢分 ㉣力
3. ㉠旗 ㉡氣 ㉢記 ㉣期
4. ㉠溫 ㉡瑥 ㉢瘟 ㉣縕

1 2 3 4: 나는 그 일로 공연히 시간과 돈을 잃어 버렸다.

1. ㉠工 ㉡空 ㉢究 ㉣安
2. ㉠然 ㉡火 ㉢大 ㉣犬
3. ㉠詩 ㉡時 ㉢試 ㉣持
4. ㉠聞 ㉡簡 ㉢問 ㉣間

8. Was bedeutet die folgende Redewendung?

樂山樂水

Lesung ____ ____ ____ ____

Beispiel 집을 짓기로 하고 알아본 곳은 서울 근교인 데다가 樂山樂水의 풍수지리로 알려진 지역이라 땅값이 비싸다.

Bitte beachten Sie bei dieser Redewendung die besondere Lesung für 樂. Vergleichen Sie mit Seite 19.

9. *Lesen Sie und vervollständigen Sie den Lückentext.*

㉠ _____ _____ _____(천지인)은 _____ _____(동양) 哲(철)學에서 萬物을 구성하는 요소로 하늘, 땅, 사람을 뜻한다. 이 _____ _____ _____(천지인)의 조화가 _____ _____(인간)의 의지에 의해서 _____ _____(좌우)될 수 있다고 믿었다.

㉡ 집의 方向(향)이 _____(남) 向(향)이면 좋겠지만 수도권에서 南向(향) 집을 구하기는 어렵다. 그러므로 _____ _____ _____ _____(풍수이론)의 규칙을 지키는 것은 거의 불가능한 일이다. 그래서 새로이 _____ _____(인기)를 끌고 있는 인테리어 方式(식)은 우리 _____ _____(조상)의 지혜와 현대 _____ _____(실내) 장식의 만남인 소위 「풍수 인테리어」라는 것이다. 풍수 인테리어는 _____ _____(자신)의 집을 _____(기)가 통하게 만드는 것이다.

㉢ 韓國의 24節(절)氣 中에는 _____ _____(춘분), _____(하) 至(지), _____ _____(추분), _____(동)至(지)가 있다.

㉣ 베를린에는 _____ _____(감각)的(적)으로 옷을 입은 젊은 사람들이 많다.

10. *Ergänzen Sie die Tabelle. Recherchieren Sie weitere Hanja, die das erste Schriftzeichen als Radikal aufweisen.*

	雨	電					
【훈】							
【음】							

11. Wiederholung - Ergänzen Sie die Tabelle.

Hanja	hun-Lesung	ŭm -Lesung
情		
來	올	
	근원	
	빌	공
方		
	있을	
發		
	집	실
等		
	먼저	
書		
	겉	표

Zusätzlicher Wortschatz - Was bedeutet das Wort und mit welchem bekannten Hanja wird es geschrieben?

습기 분위기 냉장고 냉전
온천 자기소개 우산 온도
기대 향기 공책 하반기
우연 기후 냉면 온기
냉정하다 상공 동계올림픽 사춘기
추석 기온 폭설 태풍
청춘 선풍기 항공 자신감
말기 당연하다 풍경 전파
연기 충전 냉동 상반기

Übungen zu Lektion 10

1. Ergänzen Sie Bedeutung und Lesung. Die Schriftzeichen ergeben von oben nach unten gelesen je ein Wort.

2. 公 oder 私? Ordnen Sie die Begriffe dem passenden Bereich zu.

家族 - 市場 - 運動場 - 教會 - 動物園 - 學園 - 私生活 - 感情 - 家口

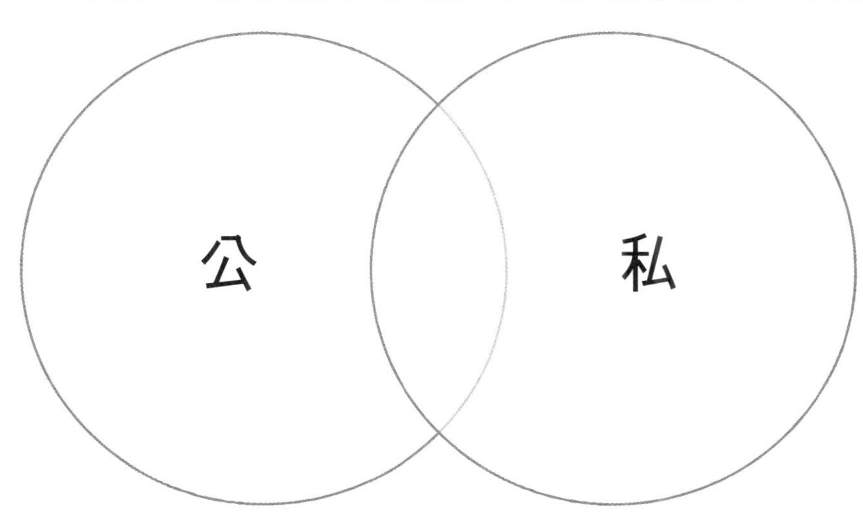

3. Tragen Sie je ein passendes Hanja in die Lücken ein.

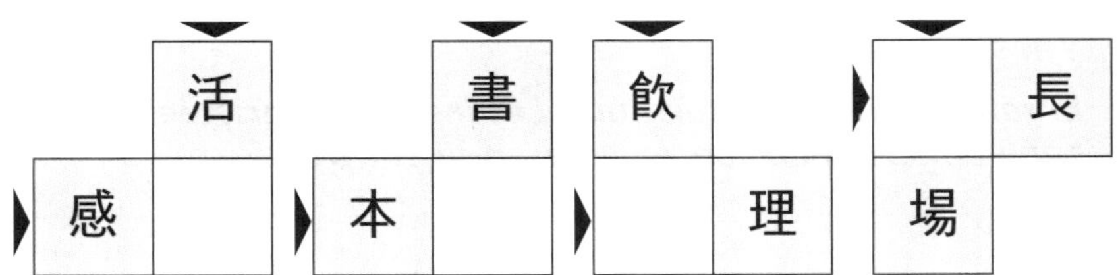

4. Ordnen Sie die koreanische Übersetzung zu.

Standpunkt	•	•	交分
Tier	•	•	出市
Eintritt	•	•	運動
Familienmitglieder	•	•	交通
Freundschaft	•	•	自動
auf den Markt bringen	•	•	立場
Sport	•	•	食口
automatisch	•	•	入場
Verkehr	•	•	動物

5. Richtig (O) oder falsch (X)? Kreuzen Sie an und korrigieren Sie die Hanja wenn erforderlich.

		O	X	
㉠	目動門 (자동문)	☐	☐	____ ____ ____
㉡	西店 (서점)	☐	☐	____ ____
㉢	公木日 (공휴일)	☐	☐	____ ____ ____
㉣	外交 (외교)	☐	☐	____ ____
㉤	通風九 (통풍구)	☐	☐	____ ____ ____

6. Welche Schriftzeichen haben die gleiche Lesung?

㉠	交	→	① 父	② 教	③ 校	④ 電
㉡	場	→	① 自	② 海	③ 下	④ 長
㉢	動	→	① 同	② 東	③ 冬	④ 道
㉣	市	→	① 然	② 春	③ 時	④ 暴
㉤	飮	→	① 店	② 音	③ 左	④ 食
㉥	店	→	① 千	② 在	③ 物	④ 上

7. Identifizieren Sie die Vokabeln, die <u>nicht</u> mit dem jeweiligen Hanja geschrieben werden.

㉠	立	→	① 가입	② 수입	③ 독립	④ 자립
㉡	交	→	① 교사	② 교섭	③ 교환	④ 교육
㉢	通	→	① 통신	② 고통	③ 통합	④ 교통
㉣	園	→	① 낙원	② 지원	③ 원본	④ 유치원
㉤	料	→	① 자료	② 재료	③ 요금	④ 요구

8. Was bedeutet die folgende Redewendung?

先 公 後 私

Lesung ____ ____ ____ ____

Beispiel 그 정치인은 부지런하고 검소하게 살며서 先公後私의 마음으로 민의를 존중하고 최우선적으로 국민들의 생활을 생각해왔다.

9. Füllen Sie das Kreuzworträtsel mit den passenden Hanja.

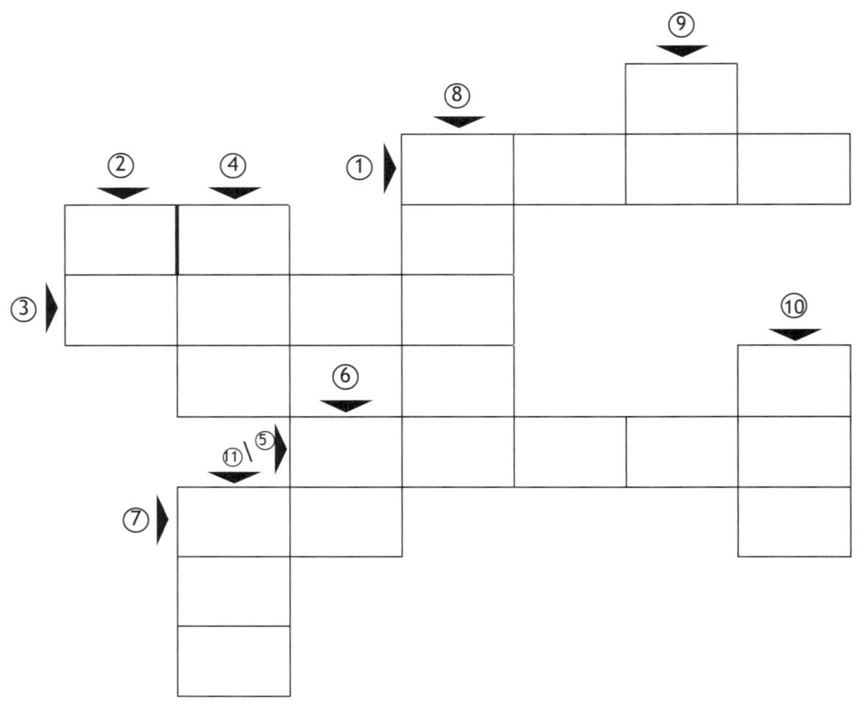

horizontal:	*vertikal:*
① Hauptfiliale (in d. Innenstadt)	② zur Schule gehen
③ Studentenbewegung	④ Ernährungsweise
⑤ Parkeintrittsgebühren	⑥ öffentliche Meinung
⑦ Presse	⑧ städtischer Zoo
	⑨ ursprünglicher Text
	⑩ Getränk
	⑪ Linguistik

10. *Ergänzen Sie die Tabelle. Recherchieren Sie weitere Hanja, die das erste Schriftzeichen als Radikal aufweisen.*

	土	在	地	場	堂		
【훈】							
【음】							

11. *Lesen Sie, indem Sie die nebenstehende Tabelle ergänzen.*

㉠ 요한 볼프강 폰 괴테는 독일의 詩人이다.

㉡ 올해 설날에 할머니 댁을 訪問할 예정이다.

㉢ 冷凍피자를 오븐에 구워 맛있게 먹었다.

㉣ 공장 효율화를 위해 새로운 기술이 導入될 예정이다.

㉤ 韓國의 國花는 무궁화이다.

Unbekanntes Hanja	Lesung	Bekanntes Hanja
詩		
訪		
凍		
導		
花		

Zusätzlicher Wortschatz - Was bedeutet das Wort und mit welchem bekannten Hanja wird es geschrieben?

유치원 성당 통역 소통 공식
공통점 주인공 강당 이동 야구장
통장 화원 극장 성당 정류장
금식 공개 설립 통하다 무료
독립 불운 전문점 편의점 운명

Übungen zu Lektion 11

1. Ergänzen Sie Bedeutung und Lesung. Die Schriftzeichen ergeben von oben nach unten gelesen je ein Wort.

2. Ordnen Sie die koreanische Übersetzung zu.

Registrierung	•	•	登記
Autonomie	•	•	證言
Verzeichnis	•	•	長官
Zollabfertigung	•	•	所長
Zeugenaussage	•	•	人事
Personalangelegenheit	•	•	自治
Gerichtsbeamter	•	•	通關
Direktor	•	•	法官
Minister	•	•	目錄

3. *Welche Schriftzeichen haben die gleiche Lesung?*

㉠ 官 → ① 關 ② 館 ③ 九 ④ 六

㉡ 登 → ① 圖 ② 動 ③ 等 ④ 東

㉢ 政 → ① 店 ② 體 ③ 情 ④ 出

㉣ 事 → ① 私 ② 社 ③ 史 ④ 死

4. *Schreiben Sie folgende Begriffe in Hangŭl und übersetzen Sie.*

㉠	公論 ____ ____ (________)	空論 ____ ____ (________)
㉡	同行 ____ ____ (________)	行動 ____ ____ (________)
㉢	所長 ____ ____ (________)	場所 ____ ____ (________)
㉣	外交 ____ ____ (________)	校外 ____ ____ (________)

5. *Ordnen Sie die Begriffe passend zu.*

事務 - 外交 - 理事 - 行政 - 動物 - 運動 - 飲食 - 身分

㉠ ____ ____~證 ㉡ ____ ____~園 ㉢ ____ ____~所

㉣ ____ ____~場 ㉤ ____ ____~店 ㉥ ____ ____~長

㉦ ____ ____~府 ㉧ ____ ____~官

6. *Finden Sie ein Synonym und schreiben Sie dies in Hanja.*

㉠ 관련이 있다 → ____ ____ ㉡ 사람의 일 → ____ ____

㉢ 일을 하다 → ____ ____ ㉣ 같이 길을 가다 → ____ ____

㉤ 관점 → ____ ____ ㉥ 등기 → ____ ____

7. Was bedeutet die folgende Redewendung?

人間大事

Lesung _____ _____ _____ _____

Beispiel 사람이 살아가며 겪는 큰 일을 人間大事라고 한다. 한국에서는 전통적으로 결혼, 장례, 제사를 人間大事로 생각하고, 마을 사람들끼리 서로 도왔다.

8. Lesen Sie und vervollständigen Sie den Lückentext.

㉠ 韓國 _____ _____(천문) 연구원은 우리 나라에서 「별 보는 _____ _____(낙원)」이라고 불릴 만큼 _____ _____ _____(강원도)에서 별을 가장 많이 볼 수 있는 _____ _____(장소)로 꼽는다. 都(도)心의 빛은 별빛을 가릴 수 있기 때문에 별 관측을 위해서는 빛公害(해)가 없는 곳일수록 좋다. 따라서 山岳(악) 地帶(대)인 江原道는 별 관측을 위한 _____ _____(이상)적인 조건을 가지고 있으며 매우 많은 관측 _____ _____(명소)가 있다.

㉡ _____ _____ _____(외교관)은 海外에서 國家의 얼굴이다. 그래서 外交官은 公人으로서 _____ _____ _____(교과서)적 매너와 좋은 _____ _____ _____ _____(인간관계)를 중요시해야 한다.

㉢ 韓國에서 _____ _____(장기) 체류하길 원하는 外國人이라면 _____ _____ _____ 管 _____ _____ _____ _____(출입국 관리 사무소)에서 발급하는 _____ _____ _____ _____ _____ _____(외국인 등록증)이 반드시 필요하다.

9. Schreiben Sie in Hangŭl.

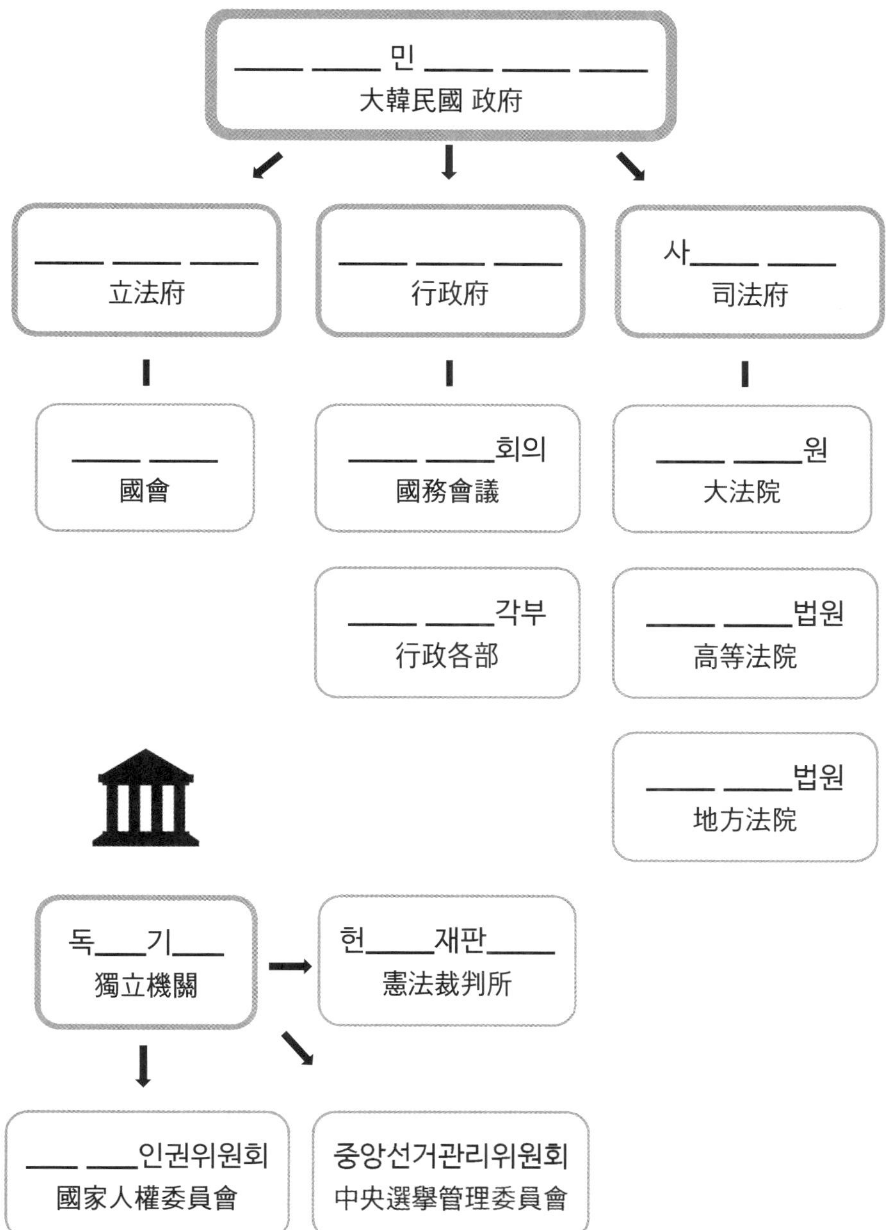

10. *Ergänzen Sie die Tabelle. Recherchieren Sie weitere Hanja, die das erste Schriftzeichen als Radikal aufweisen.*

	力	動	務	勞			
【훈】							
【음】							

Zusätzlicher Wortschatz - Was bedeutet das Wort und mit welchem bekannten Hanja wird es geschrieben?

안녝 증거 불안 관련 피로
숙소 사고 편안 미안 연구소
여행 의무 유행 급행 상관
사건 영수증 안전 치료 은행
사실 업무 소방관 정당 비행
주소 경찰관 과로사

Übungen zu Lektion 12

1. Bestimmen Sie jeweils Hangŭl- und Hanja-Komponente und notieren Sie die entsprechenden Schriftzeichen.

	Kompositum	Hangŭl-Komponente	Hanja- Komponente	Schriftzeichen
㉠	양파			
㉡	식빵			
㉢	산나물			
㉣	전기밥솥			
㉤	농사꾼			
㉥	식칼			
㉦	족발			
㉧	강물			

2. Ergänzen Sie Bedeutung und Lesung. Die Schriftzeichen ergeben von oben nach unten gelesen je ein Wort.

世		
代		

要		
所		

用		
品		

業		
界		

集		
團		

商		
店		

3. *Tragen Sie je ein passendes Hanja in die Lücken ein.*

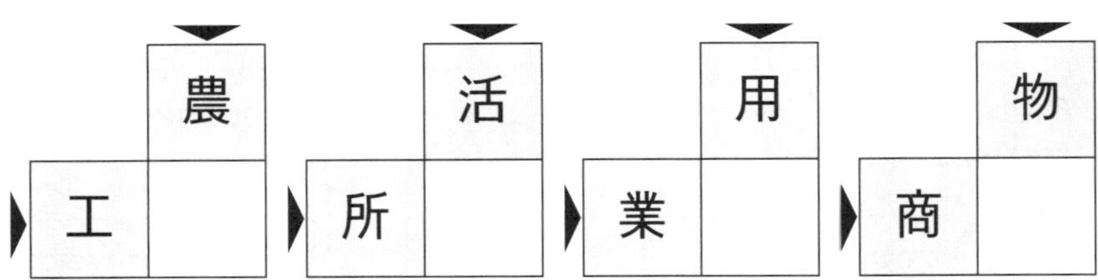

4. *Ordnen Sie die koreanische Übersetzung zu.*

Notwendigkeit	•	•	文集
Verwendung	•	•	出産
Ära	•	•	必要
Industrie	•	•	政界
Anthologie	•	•	中世
Geburt	•	•	時代
Mittelalter	•	•	産業
Politikwelt	•	•	活用

5. *Was ist gemeint? Übersetzen Sie die Begriffe ins Deutsche.*

㉠ 政治界 : ____________ ㉡ 言論界 : ____________

㉢ 學界 : ____________ ㉣ 演劇界(연극) : ____________

㉤ 出版界(판) : ____________ ㉥ 商業界 : ____________

㉦ 事業界 : ____________ ㉧ 金融界(융) : ____________

㉨ 宗教界(종) : ____________ ㉩ 自然界 : ____________

㉪ 銀行界(은): ____________ ㉫ 科學界 : ____________

6. Welche Schriftzeichen haben die gleiche Lesung?

㉠	界	→	① 私	② 係	③ 原	④ 園
㉡	産	→	① 山	② 三	③ 所	④ 行
㉢	要	→	① 曜	② 料	③ 必	④ 品
㉣	工	→	① 農	② 空	③ 公	④ 業

7. Welcher Begriff passt sinngemäß <u>am wenigsten</u> in die Reihe?

㉠	① 商品	② 通商	③ 代金	④ 中世	⑤ 業體
㉡	① 農場	② 生産	③ 用語	④ 土地	⑤ 農事
㉢	① 文集	② 圖書	③ 文學	④ 覺書	⑤ 人文
㉣	① 團體	② 集團	③ 社會	④ 集會	⑤ 必要
㉤	① 要所	② 本店	③ 事業	④ 業務	⑤ 商店

8. Wählen Sie jeweils das passende Hanja aus.

운반에 <u>소(1)요(2)</u>되는 <u>대(3)금(4)</u>은 운반<u>업(5)체(6)</u>에게 직접 현금으로 3 만 원을 지불했다.

1. ㉠ 西 ㉡ 商 ㉢ 以 ㉣ 所
2. ㉠ 用 ㉡ 要 ㉢ 料 ㉣ 然
3. ㉠ 代 ㉡ 自 ㉢ 大 ㉣ 會
4. ㉠ 覺 ㉡ 工 ㉢ 金 ㉣ 係
5. ㉠ 團 ㉡ 業 ㉢ 映 ㉣ 歷
6. ㉠ 在 ㉡ 電 ㉢ 足 ㉣ 體

<u>교(1)통(2)</u>사고로 무려 두달 동안 병원 <u>신(3)세(4)</u>를 졌다.

1. ㉠ 高 ㉡ 交 ㉢ 教 ㉣ 校
2. ㉠ 同 ㉡ 等 ㉢ 通 ㉣ 動
3. ㉠ 心 ㉡ 十 ㉢ 集 ㉣ 身
4. ㉠ 世 ㉡ 體 ㉢ 必 ㉣ 政

9. Was bedeutet die folgende Redewendung?

百發百中

Lesung ____ ____ ____ ____

Beispiel 사격연습을 하면서 지금까지 百發百中을 자랑하던 그 선수는 오늘따라 다섯 발 중 세 발이나 표적에 맞추지 못했다.

10. Lesen Sie und vervollständigen Sie den Lückentext.

㉠ ____ ____ ____ ____(팔도강산)의 地域 환경에 맞는 ____ ____(고품)質의 特____ ____(산물)이 있다. 特産物의 종류로는 과일, 채소, 화초, 약제, 어패류 等이 있다. 넓은 들이 있는 地域에서는 穀食이나 채소, 바다가 있는 地域에서는 김, 미역, 生鮮과 같은 ____ ____ ____(수산물)이 나고, 山에서는 약초나 버섯 等이 주로 ____ ____(생산)된다. 예를 들어 釜山의 代表的인 特産物로 어묵과 멸치가 알려져 있으며, 제주도의 特産物로는 흑돼지, 감귤, 한라봉 等이 有名하다.

㉡ ____ ____ ____(현대인)들은 결제수단으로 ____ ____(현금)보다 信用카드를 선호한다. 또한 賣場에서 직접 장을 보는 ____ ____(대신) 인터넷 쇼핑을 ____(활)潑히 ____ ____(활용)한다. 수표결제액도 꾸준히 줄고 있다. 지급수단이 다양해지면서 인터넷 및 모바일 결제 等이 보편화되어 現金 없는 ____ ____(시대)가 이어질 것으로 豫想된다.

㉢ 경제에서 가장 所重(중)한 자원은 사람의 _____ _____(업무) _____ _____ _____(집중력)이다. 하지만 요즘 여러 소셜 네트워크와 쇼핑 사이트, 스마트폰 앱 等이 集中力을 방해하고 있다. 글로벌 웹 인덱스에 따르면, 사람들은 평균 2 時間 以上을 소셜 네트워크에 使(사)_____(용)하고 있다.

11. Ergänzen Sie die Tabelle. Recherchieren Sie ein weiteres Hanja, die das erste Schriftzeichen als Radikal aufweisen.

	口	四	國	圖	園	團	
【훈】							
【음】							

Zusätzlicher Wortschatz - Was bedeutet das Wort und mit welchem bekannten Hanja wird es geschrieben?

도산 주요 공부 협상 졸업
수업 현실 농토 파업
성품 모집 업계 필수 파산
약품 비용 경계 취업
이용 농촌 농민 각계 작품
고대 품성 실업 상점
업체 중요 용어 직업 실현
부품 요점 대리 요구
제품 요인 유산 요소 사용
세기 필요 요건 화장품
재산 품목 신용카드

Übungen zu Lektion 13

1. Ergänzen Sie Bedeutung und Lesung. Die Schriftzeichen ergeben von oben nach unten gelesen je ein Wort.

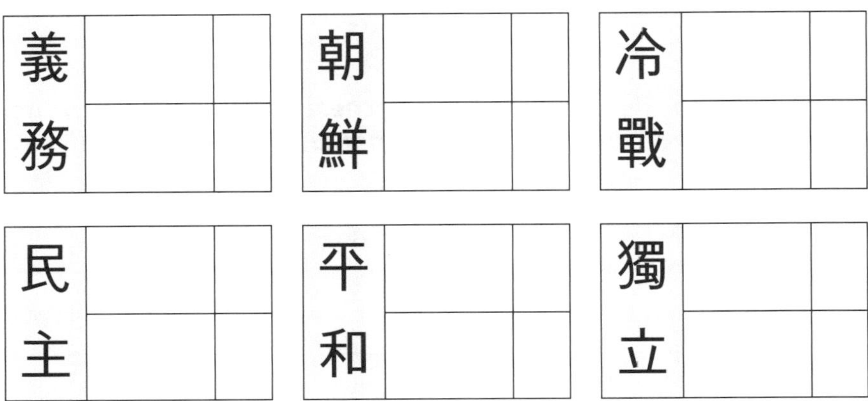

2. Tragen Sie je ein passendes Hanja in die Lücken ein.

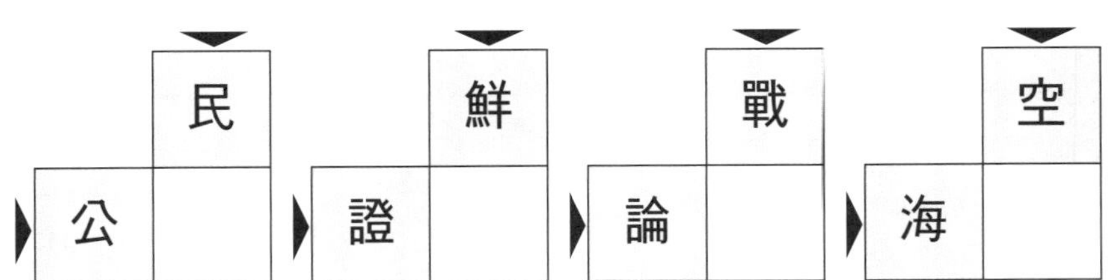

3. Was ist gemeint? Übersetzen Sie die Begriffe ins Deutsche.

㉠ 帝國主義 : ____________________ ㉡ 民主主義 : ____________________

㉢ 公產主義 : ____________________ ㉣ 社會主義 : ____________________

㉤ 人道主義 : ____________________ ㉥ 自然主義 : ____________________

㉦ 平和主義 : ____________________ ㉧ 平等主義 : ____________________

㉨ 法治主義 : ____________________ ㉩ 中立主義 : ____________________

4. Tragen Sie die Begriffe passend in den Zeitstrahl ein.

原三國 – 後三國 – 現代 – 朝鮮 – 大韓民國
朝鮮民主主義人民 – 三國 – 朝鮮 – 先史 – 大韓帝國

㉠ ____ ____ 時代						
㉡ 古(고)____ ____ 時代	檀君(단군)朝鮮 (?~기원전 194 年)					
	衛滿(위만)朝鮮 (기원전 194 年~기원전 108 年)			辰(진) (기원전 4 세기~기원전 2 세기)		
㉢ ____ ____ ____ 時代	夫餘(부여)	沃沮(옥저)	東濊(예)	馬韓(마)	辰韓(진)	弁韓(변)
㉣ ____ ____ 時代	高句麗(구려) (기원전 37 年~668 年)			百濟(제)	新羅(신라)	伽倻(가야)
南北國 時代	渤海(발) (698~926 年)			統一新羅(통 신라) (656~935 年)		
㉤ ____ ____ ____ 時代				後高句麗(구려)	後百濟(제)	新羅(신라)
統一王朝(통 왕) 時代	高麗(고려) (918~1392 年)					
	㉥ ____ ____ (1392~1897 年)					
	㉦ ____ ____ ____ ____ (1897~1910 年)					
植民地(식) 時代	日帝 强占期(강점) 朝鮮 (1910~1945 年)					
㉧ ____ ____	㉨ ____ ____ ____ ____ ____ ____ ____ ____ 共和國(공) (1948 年~現在)			㉩ ____ ____ ____ ____ (1948 年~現在)		

5. *Ordnen Sie die koreanische Übersetzung zu.*

Unabhängigkeit	•	•	市民社會
Werktag	•	•	論爭
Disput	•	•	平日
Westeuropa	•	•	義務
Besitzer	•	•	國民
Pflicht	•	•	西歐
Zivilgesellschaft	•	•	帝國
Nation	•	•	主人
Kaiserreich	•	•	獨立

6. *Welche Schriftzeichen haben die gleiche Lesung?*

㉠	鮮	→	① 先	② 治	③ 堂	④ 集
㉡	歐	→	① 用	② 九	③ 世	④ 證
㉢	朝	→	① 商	② 祖	③ 民	④ 土
㉣	明	→	① 農	② 現	③ 平	④ 名

7. *Was bedeutet die folgende Redewendung?*

山戰水戰

Lesung ____ ____ ____ ____

Beispiel 어린 나이부터 山戰水戰을 겪어왔던 그 음악가에게 작곡은 마음을 치유하는 방법이다.

8. Studieren Sie die Bücherliste und weisen Sie den Büchern die passende Kategorie zu. Tragen Sie diese unter Zuhilfenahme der Buchtitel und Themen in die Tabelle ein.

語·文學 – 人文科學 – 社會科學 – 自然科學

國立中央(앙)圖書館 圖書目錄

分野(야)	題(제)目	作(작)家	主題(제)名
㉠	空間이 사람을 움직인다 : 마음을 지배하는 空間의 비밀	콜린 엘러드	心理學
㉡	戰爭史에서 건진 별미들 : 世界의 戰爭이 만들어낸 소울푸드와 정크푸드	윤덕노	食文化
㉢	韓服(복) 입은 男子	이상훈	韓國 現代 小說(소설)
㉣	빛의 物理學	EBS 제작팀	物理學
㉤	韓國史에 感動하다	원유상	韓國文化史
㉥	來日	기욤 뮈소	프랑스 小說(소설)
㉦	와인과 外交 : 와인을 통해 살펴보는 國際(제)政治	니시카와 메구미	國際(제)政治
㉧	動物의 무기 : 잔인하면서도 아름다운 극한 무기의 生物學	더글러스 엠린	動物 生態(태)學

9. Füllen Sie die Lücken sinnvoll aus.

____ ____ ____ ____ ____ ____ ____(천팔백구십구년) 프로이센 王[왕] 國 그리고 獨 逸[일] ____ ____(제국)의 皇[황] 子였던 알베르트 빌헬름 하인리히는 ____ ____ ____ ____(대한제국)을 방문했다. ____ ____(독립)신문 보도 中에 다음과 같은 ____ ____(기록)이 있다. 그 當[당]時에 德[덕] ____(국) 皇[황] 子의 「도이칠란드」 호는 인천에 도착했고, ____ ____(정부) 官吏[리]들은 軍事를 動員[원]해 獨逸[일] 皇[황]子 一行을 보호했다. 병사들이 큰 길을 막자 ____ ____(조선) 사람들은 門밖 左右에서 皇[황]子 一行을 기다렸다. 皇[황]子 一行은 大闕[궐]로 들어가 고종 황제를 만났다.

10. Ergänzen Sie die Tabelle. Recherchieren Sie weitere Hanja, die das erste Schriftzeichen als Radikal aufweisen.

	月	朝	明				
【훈】							
【음】							

Zusätzlicher Wortschatz - Was bedeutet das Wort und mit welchem bekannten Hanja wird es geschrieben?

독일 평균 전략 장군 주장
평준 군대 도전 쟁점 투쟁
전술 아세아 제왕 퇴군 육군
설명 화해 주제 평양 독재
경쟁 전선 주부 독도 독특
분쟁 평등 투명 민속 인민

Übungen zu Lektion 14

1. Ergänzen Sie Bedeutung und Lesung. Die Schriftzeichen ergeben von oben nach unten gelesen je ein Wort.

2. Finden Sie ein Synonym und schreiben Sie in Hanja.

㉠ 돈을 부쳐 보내다 → ____ ____ ㉡ 노래하는 사람 → ____ ____

㉢ 수업을 쉬는 기간 → ____ ____ ㉣ 그림 그리는 직업 → ____ ____

㉤ 정치계의 형편 → ____ ____ ㉥ 새로 시작되는 해 → ____ ____

3. Ordnen Sie die Begriffe passend zu.

通信 - 人物 - 動映 - 新入 - 新聞 - 生放 - 放送 - 放送

㉠ ____ ____~生 ㉡ ____ ____~局 ㉢ ____ ____~像

㉣ ____ ____~社 ㉤ ____ ____~社 ㉥ ____ ____~社

㉦ ____ ____~畵 ㉧ ____ ____~送

4. Schreiben Sie in Hangŭl.

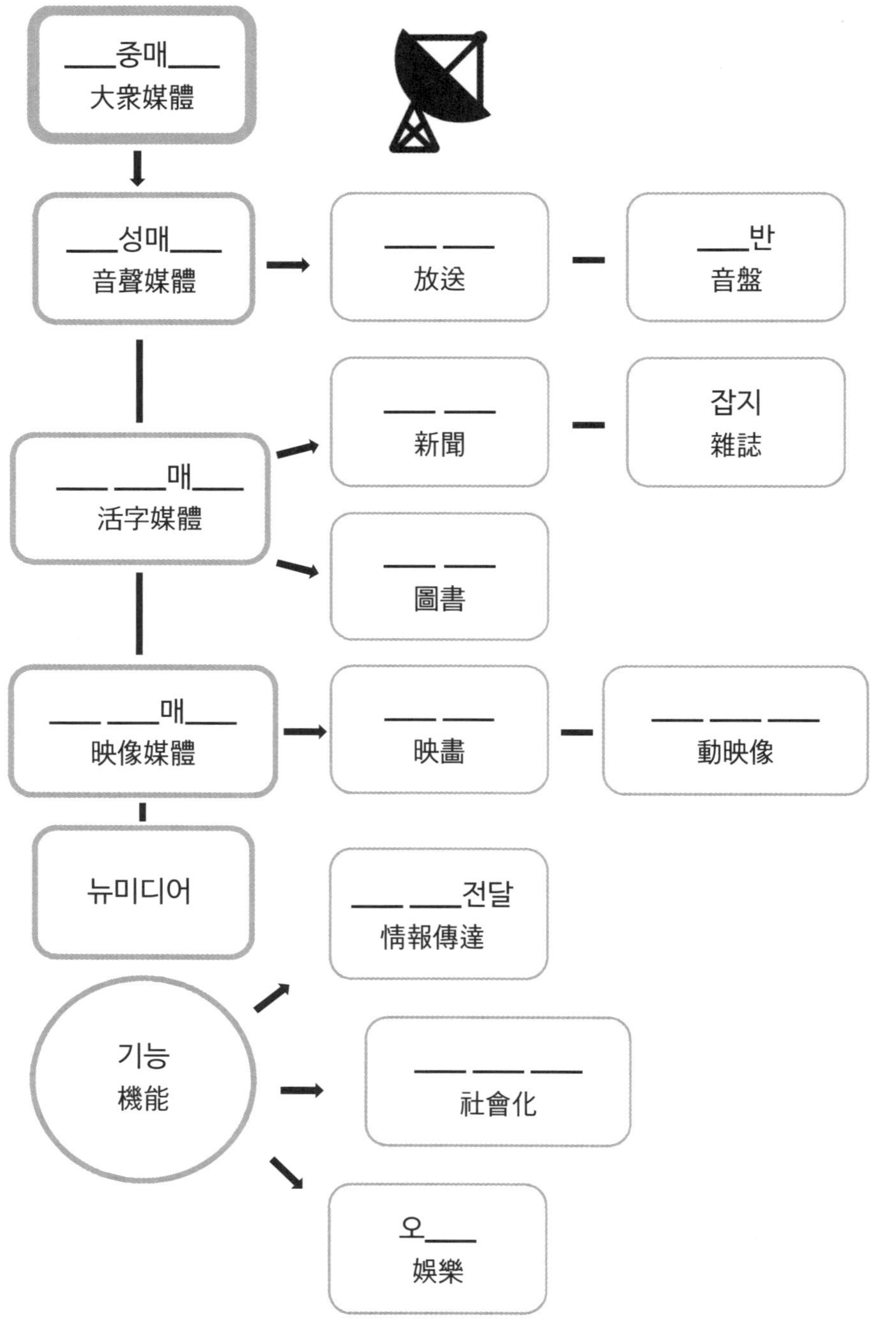

5. Füllen Sie das Kreuzworträtsel mit den passenden Hanja.

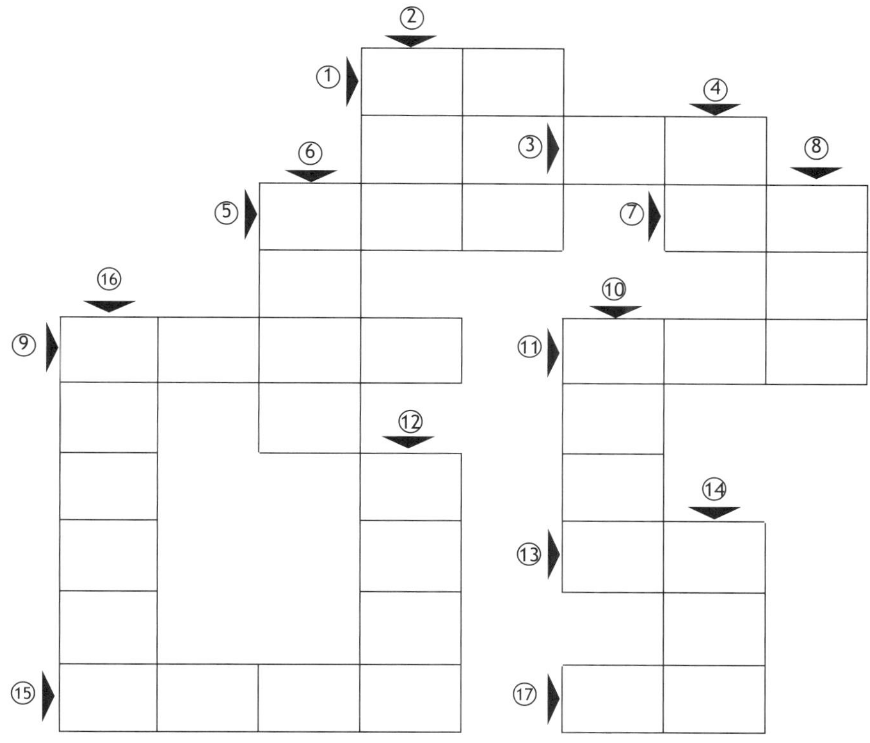

horizontal:	vertikal:
① Agrarbetrieb	② Agrarprodukt
③ elektrische Entladung	④ Elektron
⑤ Porträt	⑥ zwischenmenschliche Beziehungen
⑦ Aussprache	⑧ Musikwelt
⑨ kor.-jap. Beziehungen	⑩ Zeitungsbericht
⑪ neue Welt	⑫ Demokratie
⑬ Vernunft; Verpflichtung	⑭ Vorstandsvorsitzender
⑮ Sozialismus	⑯ Korean Broadcasting System (KBS)
⑰ Gruppenleiter	

6. Studieren Sie den Stundenplan und beantworten Sie die Fragen.

四學年 – 學期 時間表

	月	火	水	木	金
一校時	校歌	社會	生物	國語	物理
二校時	육 體育	술 美術	國語	컴퓨터	國語 (圖書館)
	쉬는 時間				
三校時	윤 倫理	술 美術	日本語	社會	中國語
	점 點心時間				
四校時	歷史	日本語	歷史	육 體育	政治
五校時	音樂	일 獨逸語	音樂	學校新聞	映畵 동아리

㉠ Welche Sprachen werden gelehrt? → __________, __________, __________ und __________.

㉡ Welches Fach wird am Dienstag in der zweiten und dritten Stunde unterrichtet? → __________.

㉢ Wann trifft sich die Schülerzeitung? → Am __________ in der ____. Stunde.

㉣ Wann findet der Politikunterricht statt? → Am __________ in der ____. Stunde.

㉤ An welchen Wochentagen findet der Musikunterricht statt? → Am __________ und __________ in der ____. Stunde.

㉥ Welche AG wird freitags angeboten? → __________.

7. Welche Schriftzeichen haben die gleiche Lesung?

㉠	放	→	① 五	② 通	③ 方	④ 勞
㉡	像	→	① 商	② 想	③ 團	④ 上
㉢	歌	→	① 作	② 後	③ 家	④ 口
㉣	畵	→	① 火	② 話	③ 和	④ 化
㉤	新	→	① 市	② 帝	③ 信	④ 身
㉥	局	→	① 獨	② 亞	③ 國	④ 主
㉦	聞	→	① 門	② 文	③ 車	④ 面

8. Was bedeutet die folgende Redewendung?

作心三日

Lesung ____ ____ ____ ____

Beispiel 연초에 운동을 열심히 하겠다고 결심해서 헬스장 등록까지 했는데 作心三日도 아닌 하루만 가고 말았다.

9. Ergänzen Sie die Tabelle.

	人	休	係	代	像	信	作
【훈】							
【음】							

10. Wiederholung - Ergänzen Sie die Tabelle.

Hanja	hun-Lesung	ŭm-Lesung
	다닐	
代		
	마음	
	노래	
	일만	만
用		
	마당	
	성품	성
	나타날	
面		
	땅	
	통할	통
關		

Zusätzlicher Wortschatz - Was bedeutet das Wort und mit welchem bekannten Hanja wird es geschrieben?

결국 반영 송별 신호 소설
혁신 홍보 해방 가사 작성
보고 신화 확신 동화 가요
수신 신앙 우체국 해설 만화
예보 동상 약국 측면 연설
당국 신뢰 세면 면접 화제
개방 설득 신라 영상 반면

Übungen zu Lektion 15

1. Ergänzen Sie Bedeutung und Lesung. Die Schriftzeichen ergeben von oben nach unten gelesen je ein Wort.

2. Schreiben Sie das Gegenteil.

㉠ 有名 ↔ ____ ____ ㉡ 有力 ↔ ____ ____

㉢ 安全 ↔ ____ ____ ㉣ 關心 ↔ ____ ____ ____

㉤ 有用 ↔ ____ ____ ㉥ 社長 ↔ ____ ____

3. Ordnen Sie die Begriffe passend zu.

不動 - 下水 - 不安 - 會社 - 未來 - 心理 - 勞動 - 公務

㉠ ____ ____~道 ㉡ ____ ____~感 ㉢ ____ ____~的

㉣ ____ ____~産 ㉤ ____ ____~像 ㉥ ____ ____~員

㉦ ____ ____~員 ㉧ ____ ____~者

4. *Was ist gemeint? Übersetzen Sie die Begriffe ins Deutsche.*

㉠ 社會的 : ____________ ㉡ 現代的 : ____________

㉢ 代表的 : ____________ ㉣ 全體的 : ____________

㉤ 長期的 : ____________ ㉥ 法的 : ____________

㉦ 集團的 : ____________ ㉧ 公的 : ____________

㉨ 感情的 : ____________ ㉩ 獨自的 : ____________

㉪ 軍事的 : ____________ ㉫ 論理的 : ____________

5. *Welche Schriftzeichen haben die gleiche Lesung?*

㉠ 未 → ① 用 ② 美 ③ 學 ④ 木

㉡ 無 → ① 非 ② 文 ③ 務 ④ 母

㉢ 不 → ① 說 ② 府 ③ 父 ④ 下

㉣ 者 → ① 自 ② 字 ③ 子 ④ 學

㉤ 第 → ① 帝 ② 休 ③ 覺 ④ 法

㉥ 員 → ① 園 ② 原 ③ 號 ④ 本

6. *Mit welchen Schriftzeichen ergibt das angegebene Hanja <u>kein</u> Wort?*

㉠ 對 → ① 話 ② 說 ③ 立 ④ 外

㉡ 反 → ① 對 ② 字 ③ 映 ④ 義語

㉢ 再 → ① 會 ② 活用 ③ 在 ④ 生産

㉣ 全 → ① 爭 ② 世界 ③ 員 ④ 面

㉤ 無 → ① 料 ② 事 ③ 理 ④ 年

7. Was bedeutet die folgende Redewendung?

非 一 非 再

Lesung ____ ____ ____ ____

Beispiel 동물보호단체 활동가는 매년 여름마다 자동차에 남겨진 강아지들이 죽는 일이 非一非再하다고 경고했다.

8. Lesen Sie den folgenden Text.

一人家口는 혼자서 사는 家口, 즉 一人이 獨立的으로 生計(계)를 유지하고 있는 家口를 말한다. 一人家口가 증가하면서 世界 경제는 점차 소위 「솔로 이코노미」의 형태로 향하고 있다. 솔로 이코노미는 美國 뉴욕 大學校 에릭 클라이넨버그 教授(수)가 펴낸 著(저)書에서 처음으로 使(사)用한 用語이다. 솔로 이코노미의 主要 특징은 「4S」로 整(정)理된다.

4S 는 市場이 점차 ① 더 작고 (small) ② 똑똑한 (smart) 製(제)品을 선호하는 경향을 보이고, 앞으로 ③自身만을 위한 (selfish) ④ 새로운 서비스 (service)가 登場한다는 것이다.

韓國에도 솔로 이코노미 現像이 나타나고 있는 것으로 보인다. 韓國은 大家族에서 核(핵)家族으로의 履(이)行이 완결된 상태에서 이제는 核(핵)家族에서 소위 「나홀로族」으로 第二의 變(변)動에 直(직)面하고 있다. 流(유)通과 家電, 食品, 서비스 等 많은 分野(야)에서 솔로 이코노미 市場을 확보하기 위한 競(경)爭이 나타난다. 이러한 一人家口의 급증 現像과 新商品 요구가 發生하자 해당 業界에서도 적극적으로 마케팅 戰略(략)을 세우고 있다.

① 첫째로 소형 製(제)品이면서 그 기능을 유지한 製(제)品들이 市場을 개조해간다. 혼자서 食事를 하는 사람의 수가 증가하면서, 큰 反應(응)을 보이는 分野(야)는 食品業界이다. 게다가 소형 주택, 소형 家電, 소형 生活用品이 人氣를 끌고 있다. 특히 一人分이 기준이나 高性能(능)을 갖춘 家電製(제)品들은 市場에서 存(존)在感을 키우고 있다.

② 또한 제한된 주거 空間을 보다 효율적으로 使(사)用할 수 있는 시스템家具(구) 및 멀티製(제)品의 보급이 늘어나고 있다. SERI (삼성경제연구소) 경제노트는 時間을 절약해 주는 食品 市場이 每年 37.5%씩 成(성)長하고 있고, 一人家口의 主要 流(유)通 채널로 자리잡은 便宜(편의)店의 市場 규모가 2006 年 對比(비) 2012 年에 2 배의 成(성)長을 記錄 했다고 報道했다. 便宜(편의)店 社會는 現代社會를 代表하는 키워드 中에 하나이다.

③ 셋째로, 一人家口 特(특)化 서비스가 人氣을 끌며, 家事支援(지원) 뿐만 아니라 安全과 편의를 보장해 주는 生活支援(지원) 서비스가 出市됐다. 젊은 世代는 특히 새로 登場한 一人用 노래練習(연습)場 (코인 노래방)과 一人用 食堂을 즐긴다. 一人家口들을 위해 각종 심부름을 하는 이색 業種(종)인 헬프 서비스가 登場해 消費(소비)者의 關心을 끌고 있다. 헬프 서비스는 家事일부터 飮食 사오기, 장보기 等의 소소한 일들까지 혼자 거주하는 사람들을 위한 業務代行 서비스를 제공한다. 이 서비스는 現在 수도권 中心으로 活性化되고 있으며 그 범위를 차츰 넓혀가고 있다.

④ 넷째로는 家族 부양 義務가 적은 一人家口가 자기 투자에 적극적이라는 점이다. 이들은 건강, 美容(용), 여가, 學習(습)에 대한 關心이 많고, 높은 費(비)用을 自己開(기개)發에 使(사)用할 의향이 있는 것으로 보인다.

產業 연구원의 資料에 따르면 2030 年에는 一人家口가 709 萬 家口 以上으로 늘어나 一人家口 豫想 소비지출이 現在보다 세 배로 증가할 것으로 나타났다. 이에 따라 企業 內部的으로 판매촉진 方法 탐구할 뿐만 아니라, 새로운 형태의 企業들도 登場하고 있다. 솔로 이코노미가 未來 경제를 모습을 바꾸게 될 것이다.

그러나 「혼자」라는 말은 集團主義와 家族主義가 강한 韓國 社會에서 여전히 부정적인 이미지를 전달하는 경향이 있다. 「혼자」는 대개 우리 想像 속에 「고립」과 「단절」을 의미하다. 反面, 韓國보다도 高齡化가 문제되고 있는 日本에서는 「외로움」의 긍정적인 側面을 받아들이는 雰圍氣가 자리 잡았다. 2015 年 日本에서 화제가 됐던 圖書 「103 세가 돼서 알게 된 것 – 人生은 혼자라도 괜찮아」는 이것을 잘 表現한다. 作家는 103 세 平生을 혼자 살아왔던 시노다 도코인데, 지금도 展示會를 열며 活潑하게 美術 活動을 하고 있다. 그녀처럼 혼자서 살아가는 사람들은 情緖的 紐帶感이 家族에 한정되고 있지 않다는 점을 깨닫고 自信感을 가진다.

생활패턴이 비슷한 싱글族들 사이에서는 SNS 等 通해서 趣味生活을 함께 하는 모임이 늘고 있다. 소위 혼밥族 (뜻: 혼자서 밥을 먹는 사람들)은 오픈 키친에서 함께 料理를 만들어 먹기도 하고, 自己 日常에 對한 感情을 交換하기도 한다. 예컨대 소셜다이닝 以外에도 셰어하우스 等의 트렌드들이 一人家口를 위한 共有 空間 및 共感臺를 마련해 나가고 있다. 이 과정에서 부정적인 인식이 점차 해소되고 「혼자」라는 개념은 再評價되고 있다.

9. Ergänzen Sie die Tabelle. Recherchieren Sie weitere Hanja, die das erste Schriftzeichen als Radikal aufweisen.

	子	學	字				
【훈】							
【음】							

Zusätzlicher Wortschatz - Was bedeutet das Wort und mit welchem bekannten Hanja wird es geschrieben?

환자 후보자 특유 피해자 일반적
반복 대상 객관적 재시험
최소 재확인 비상 희생자 무리
연구원 반응 온전 무능
완전 긍정적 최종 대답 대응
미완 무색 유리 전반
최저 무조건 불가피 반발 직원
대결 최근 적극적 위원회
미결 불과하다 정원 전부 불만
비난 위반 구체적 절대
고유 소비자 최초 유익 미성숙
경제적 무선 불행 미개
칭호 반성 재개

Lösungs-schlüssel

Lösungen

Übungen zu Lektion 1

1. 三人 四人
   千 ₩ 八千 ₩
   萬 ₩ 五萬 ₩
   七百一 ₩ 二千三百九十四 ₩
   六十八萬百五十七 ₩

2. 九 七 二
   六 一 八
   三 四 五

3. [다섯 오, 열 십] [여덟 팔, 일천 천]
   [한 일, 두 이] [일백 백, 일만 만]
   [일곱 칠, 사람 인] [넉 사, 열 십]

4. ㉠ vielbegabt ㉡ alles, alle Dinge
   ㉢ 10.000 Bücher ㉣ alle Nationen

5. ㉠ 六二五 ㉡ 萬一 ㉢ 三八
   ㉣ 三三五五 ㉤ 十八 ㉥ 十人十
   ㉦ 半 ㉧ 八

6. ㉠ 30-40 ㉡ 50
   ㉢ 30 ㉣ 31.09.

7. 十 [열 십] 千 [일천 천] 半 [반 반]

   Mögliche Antworten:
   午 [낮 오] Mittag
   卒 [마칠 졸] beenden
   協 [화합할 협] in Einklang sein
   博 [넓을 박] breit, weit

8. ㉠ ① 力 ② 亠 ③ 小 ④ 冫
   ㉡ ① 口 ② 儿 ③ 扌 ④ 走
   ㉢ ① 宀 ② 言 ③ 八 ④ 艹

Übungen zu Lektion 2

1. 火 / 木 / 土 / 水 / 金

2. [여섯 륙/육, 달 월] [때 시, 사이 간]
   [빛날 요, 날 일] [물 수, 나눌 분]
   [근본 본, 올 래/내] [매양 매, 해 년/연]

3. 本 / 日 / 年 / 間

4. 1. ㉢ 2. ㉡ 3. ㉣ 4. ㉠
   1. ㉢ 2. ㉠ 3. ㉣ 4. ㉡
   1. ㉡ 2. ㉠ 3. ㉡
   1. ㉢ 2. ㉡ 3. ㉡ 4. ㉣

5. 個: 亻 - 10 - 낱 개 - ein Stück
   秒: 禾 - 9 - 분초 초 - Sekunde

   週: 辶 - 11 - 돌 주 - sich drehen; Woche
   末: 木 - 5 - 끝 말 - Ende

   星: 日 - 9 - 별 성 - Stern

   火星: 화성 - Mars
   水星: 수성 - Merkur
   木星: 목성 - Jupiter
   金星: 금성 - Venus
   土星: 토성 - Saturn

6. ㉠ 十二 / 三百六十五 / 十二 / 三十一
   ㉡ 四 / 二十八 / 三十一
   ㉢ 七 / 月 / 水 / 金 / 日
   ㉣ 二十四 / 六十 / 六十

7. 木 [나무 목] 本 [근본 본]

   Mögliche Antworten:
   未 [아닐 미] (noch) nicht
   末 [끝 말] Ende
   朴 [성씨 박] Park *(Familienname)*
   杯 [잔 배] Becher
   枚 [낱 매] ein Blatt

Übungen zu Lektion 3

1. 上 / 左 / 右 / 下

2. [나라 국, 안 내] [근본 본, 흙 토]
[왼 좌, 오른쪽 우] [바깥 외, 날 출]
[써 이, 뒤 후] [들 입, 입 구]

3. 中 / 內 / 下 / 入

4. in alle Richtungen – 前後左右 / innerhalb – 以內 / Einnahmen und Ausgaben – 入出 / Sonnenaufgang – 日出 / Bevölkerung – 人口 / vor hundert Jahren – 百年前 / Mondaufgang – 月出 / ungefähr – 前後 / Diener – 下人 / Landesgebiet – 國土

5. ㉠ 右 ㉡ 外國 ㉢ 出國 ㉣ 水上
㉤ 後 ㉥ 入口 ㉦ 年下 ㉧ 水

6. ㉠ 出 ㉡ 下 ㉢ 左 ㉣ 後

7. ㉠ 本來 / 後 / 人 / 來日 / 時間
㉡ 左 / 前 / 入
㉢ 中 / 內 / 門 / 下
㉣ 中國 / 上 / 月 / 上 / 外

8. 一 [한 일] 三 [석 삼]
七 [일곱 칠] 上 [윗 상]
下 [아래 하]

Mögliche Antworten:
不 [아닐 불/부] nicht
万 [일만 만] zehntausend

9. 龍: 龍 - 16 - 용 룡/용 - Drache
雞: 隹 - 18 - 닭 계 - Hahn, Huhn
鼠: 鼠 - 13 - 쥐 서 - Ratte; Maus
豬: 豕 - 15 - 돼지 저 - Schwein

Übungen zu Lektion 4

1. 祖父 / 祖母 / 父 / 母

2. [한가지 동, 이름 명] [먼저 선, 할아비 조]
[아비 부, 어미 모] [길 장, 계집 녀/여]
[집 가, 겨레 족] [사내 남, 아들 자]

3. Familienoberhaupt – 家長 / Charakter – 人性 / Vaterland – 祖國 / gleichzeitig – 同時 / ältester Sohn – 長男 / Staat – 國家 / früheres Leben – 前生 / von zu Hause weglaufen – 家出 / Mutter und Sohn – 母子 / Vorfahren – 先祖

4. ㉠ 長女 ㉡ 同日 ㉢ 子女
㉣ 母國 / 祖國 ㉤ 同族 ㉥ 死後

5. ㉠ 生 ㉡ 每 ㉢ 間 ㉣ 家

6. ㉠ ③ / ④ ㉡ ①
㉢ ② / ③ ㉣ ② / ④
㉤ ①

7. ㉠ o → 母子 ㉡ x → 先祖
㉢ x → 出入口 ㉣ x → 女同生

8. 십중팔구

9. ㉠ Historiker ㉡ Maler
㉢ Architekt ㉣ Experte

10. ㉠ 時 ㉡ 死 ㉢ 男女
㉣ 性 / 性 / 女 / 中 ㉤ 一名

11. 口 [입 구] 右 [오른쪽 우]
同 [한가지 동] 名 [이름 명]

Mögliche Antworten:
各 [각각 각] jede(s/r)
古 [옛 고] alt
可 [옳을 가] korrekt; gut

12. 姉: 女 - 8 - 윗누이 자 - ältere Schwester
弟: 弓 - 7 - 아우 제 - jüngerer Bruder

兄: 儿 - 5 - 형 형 - älterer Bruder
妹: 女 - 8 - 누이 매 - jüngere Schwester

夫: 大 - 4 - 지아비 부 - Ehemann
婦: 女 - 11 - 며느리 부 - Schwiegertochter / Ehefrau

13. 每 – 매양 – 매 / 左 – 왼 – 좌 / 半 – 반 – 반 / 名 – 이름 – 명 / 以 – 써 – 이 / 生 – 날 – 생 / 七 – 일곱 – 칠 / 死 – 죽을 – 사 / 曜 – 빛날 - 요

Übungen zu Lektion 5

1. [있을 재, 가운데 중] [높을 고, 무리 등]
[가르칠 교, 집 실] [과목 과, 배울 학]
[그림 도, 글 서] [학교 교, 문 문]

2. 學 / 休 / 會

3. ㉠ 圖書 ㉡ 大人 ㉢ 圖本
㉣ 大會 ㉤ 休日 ㉥ 室內

4. ㉠ ① / ④ ㉡ ③
㉢ ① / ② ㉣ ③ / ④
㉤ ② / ④

5. Vorwort – 前文 / in Japan – 在日 / Parlament – 國會 / Schuljahr – 學年 / Oberschule – 高校 / Einschulung – 入學 / Referendar – 教生

6. ㉠ x → 大學校 ㉡ x → 在學
㉢ x → 日曜日 ㉣ x → 社會學

7. 구사일생

8. 時 / 科 / 等 / 會 / 書 / 文 / 休 / 國 / 學

9. ① 休日 ② 日本學科
③ 學生會長 ④ 敎室
⑤ 文人 ⑥ 會社文書
⑦ 敎科書 ⑧ 科長 / 室長
⑨ 入室 ⑩ 入學金

10. 日 [날 일] 曜 [빛날 요]
時 [때 시]

Mögliche Antworten:
明 [밝을 명] hell, klar
星 [별 성] Stern
晩 [늦을 만] spät
暗 [어두울 암] dunkel

11. ㉠ ① 犭 → 犬 Hund ② 灬 → 火 Feuer
㉡ ① 扌 → 手 Hand ② 氵 → 水 Wasser
㉢ ① 衤 → 衣 Kleidung ② 亻 → 人 Mensch
㉣ ① 牜 → 牛 Rind ② 王 → 玉 Juwel
㉤ ① 礻 → 示 zeigen ② 月 → 肉 Fleisch
㉥ ① 刂 → 刀 Klinge ② 忄 → 心 Herz

Übungen zu Lektion 6

1. ㉠ 달, 오월, 五月 ㉡ 고기, 생, 生
㉢ 보기, 본, 本 ㉣ 가게, 문, 門
㉤ 날, 후, 後 ㉥ 바지, 반, 半
㉦ 머리, 대, 大

2. [한나라 한, 글자 자] [논할 론/논, 글월 문]
[말씀 언, 말씀 어] [소리 음, 노래 악]
[모일 사, 모일 회] [지날 력/역, 사기 사]

3. 理科: 化學 / 物理學 / 生物學
文科: 言語學 / 國文學 / 言論學 / 音樂 / 史學

4. Zentrale – 本社 / Biologie – 生物學 / Physik – 物理學 / Paradies – 樂園 / Chemie – 化學 / Konzert – 音樂會 / Argumentation – 論法 / Linguistik – 言語學 / Presse – 言論

5. ㉠ ② / ④
㉡ ① / ② / ③ / ④
㉢ ① / ③ / ④
㉣ ① / ② / ③ / ④
㉤ ② / ④

6. ㉠ 이론 (Theorie) / 논리 (Logik)
㉡ 회사 (Firma) / 사회 (Gesellschaft)
㉢ 학과 (Abteilung) / 과학 (Wissenschaft)
㉣ 문인 (Literat) / 인문 (Kultur)

7. 일구이언

8. ㉠ Legalisierung ㉡ Belebung
㉢ Sozialisierung

9. 言 [말씀 언] 語 [말씀 어]
論 [논할 론/논] 記 [기록할 기]

Mögliche Antworten:
計 [셀 계] zählen
話 [말씀 화] sprechen
訓 [가르칠 훈] lehren; hun-Lesung

Übungen zu Lektion 7

1. 目 / 心 / 口 / 手 / 足

2. [몸 신, 윗 상] [느낄 감, 생각 상]
[눈 목, 앞 전] [필 발, 발 족]
[살 활, 글자 자] [겉 표, 뜻 정]

3. 感 / 身 / 記 / 覺

4. Psyche – 心理 / Wasserkraft – 水力 / Mitgefühl – 同感 / Anfang – 發足 / Zeittafel – 年表 / Ausbruch – 發生 / Besichtigung – 見學 / Gesichtsausdruck – 表情

5. ㉠ x → 發表 ㉡ x → 科目
㉢ o → 出發 ㉣ x → 覺書
㉤ x → 見學

6. ㉠ 身長 ㉡ 心身 ㉢ 中心
㉣ 發想 ㉤ 人力 ㉥ 感情

7. ㉠ ① ㉡ ① / ③
㉢ ② ㉣ ①
㉤ ① ㉥ ④

8. ㉠ ① / ② / ③ / ④
㉡ ① / ② / ③
㉢ ① / ② / ③ / ④
㉣ ② / ③
㉤ ② / ④
㉥ ① / ② / ③ / ④

9. ㉠ 수족 (Hände u. Füße) / 수족 (Wassertiere)
㉡ 입수 (etw. erhalten) / 입수 (ins Wasser)
㉢ 이상 (oben) / 이상 (Ideal)
㉣ 수법 (Wasserrecht) / 수법 (Technik)

10. 일심동체

11. ㉠ 科目 / 年表 / 生活 / 心理 / 手記
㉡ 敎會 / 中心
㉢ 社會 / 家族 / 身分
㉣ 發見 / 後

12. 心 [마음 심] 感 [느낄 감]
想 [생각 상]

Mögliche Antworten:
急 [급할 급] dringend
惡 [악할 악] schlecht; böse
思 [생각 사] denken
必 [반드시 필] notwendig, unbedingt

Übungen zu Lektion 8

1. 北 / 西 / 東 / 南

2. [근원 원, 다스릴 리/이] [남녘 남, 아름다울 미]
[땅 지, 모 방] [하늘 천, 성품 성]
[강 강, 북녘 북] [바다 해, 물건 물]

3. 지리학 (地理學)

   인문지리학 (人文地理學) / 도시 (都市) / 인구 (人口) / 교통 (交通) / 지정학 (地政學)

   자연지리학 (自然地理學) / 해양 (海洋) / 토양 (土壤) / 산맥 (山脈)

   지역지리학 (地域地理學) / 한국 (韓國) / 미국 (美國)

   지리정보학 (地理情報學) / 지도 (地圖)

4. ① 咸鏡道 ② 江原道 ③ 慶尙道
   ④ 全羅道 ⑤ 忠淸道 ⑥ 京畿道
   ⑦ 黃海道 ⑧ 平安道

5. Geographie – 地理學 / Landschaft – 江山 / Mittelpunkt – 中心地 / aktiver Vulkan – 活火山 / Astronomie – 天文學 / Abwasserkanal – 下水道 / Himmelskörper – 天體

6. ㉠ ③ ㉡ ② ㉢ ①
   ㉣ ② ㉤ ②

7. ㉠ ① / ② / ④ ㉡ ①
   ㉢ ④ ㉣ ① / ② / ③
   ㉤ ④

8. 인산인해

9. 水 [물 수] 漢 [한나라 한] 法 [법 법]
   活 [살 활] 洋 [큰 바다 양] 海 [바다 해]
   江 [강 강]

Übungen zu Lektion 9

1. 春 / 冬 / 夏 / 秋

2. [몸 체, 따뜻할 온] [여름 하, 기약할 기]
   [봄 춘, 가을 추] [스스로 자, 그럴 연]
   [바람 풍, 비 우] [느낄 감, 기운 기]

3. 力 / 氣 / 體 / 期

4. ㉠ 學期 ㉡ 南方
   ㉢ 地下 ㉣ 西洋
   ㉤ 文語 ㉥ 冬

5. ㉠ 수온 (Wassertemp.) / 온수 (Warmwasser)
   ㉡ 일기 (Wetter) / 일기 (Tagebuch)
   ㉢ 시장 (Markt) / 시장 (Bürgermeister)
   ㉣ 전기 (früh. Periode) / 전기 (Elektrizität)

6. ㉠ ② / ③ ㉡ ③
   ㉢ ① ㉣ ② / ③

7. 1. ㉢ 2. ㉣ 3. ㉠ 4. ㉡
   1. ㉣ 2. ㉢ 3. ㉡ 4. ㉠
   1. ㉡ 2. ㉠ 3. ㉡ 4. ㉣

8. 요산요수

9. ㉠ 天地人 / 東洋 / 天地人 / 人間 / 左右
   ㉡ 南 / 風水理論 / 人氣 / 祖上 / 室內 / 自身 / 氣
   ㉢ 春分 / 夏 / 秋分 / 冬
   ㉣ 感覺

10. 雨 [비 우] 電 [번개 전]

    Mögliche Antworten:
    雲 [구름 운] Wolke
    雪 [눈 설] Schnee
    霧 [안개 무] Nebel
    零 [떨어질 령/영] fallen, regnen; Null
    靈 [신령 령/영] Geist

11. 情 – 뜻 – 정 / 來 – 올 – 래/내 / 原 – 근원 – 원 / 空 – 빌 – 공 / 方 – 모 – 방 / 在 – 있을 – 재 / 發 – 필 – 발 / 室 – 집 – 실 / 等 – 무리 – 등 / 先 – 먼저 – 선 / 書 – 글 – 서 / 表 – 겉 – 표

Übungen zu Lektion 10

1. [저자 시, 마당 장] [마실 음, 헤아릴 료/요]
   [사사 사, 설 립/입] [공평할 공, 동산 원]
   [나라 한, 밥 식] [사귈 교, 통할 통]

2. 公: 市場 / 運動場 / 教會 / 動物園 / 學園
私: 家族 / 私生活 / 感情 / 家口

3. 動 / 店 / 料 / 市

4. Standpunkt – 立場 / Tier – 動物 / Eintritt – 入場 / Familienmitglieder – 食口 / Freundschaft – 交分 / auf den Markt bringen – 出市 / Sport – 運動 / automatisch – 自動 / Verkehr – 交通

5. ㉠ **x →** 自動門 ㉡ **x →** 書店
㉢ **x →** 公休日 ㉣ **o →** 外交
㉤ **x →** 通風口

6. ㉠ ② / ③ ㉡ ④
㉢ ① / ② / ③ ㉣ ③
㉤ ② ㉥ –

7. ㉠ ① / ② ㉡ ① / ④
㉢ ② / ③ ㉣ ② / ③
㉤ ④

8. 선공후사

9. ① 市內本店 ② 通學
③ 學生運動 ④ 食生活
⑤ 公園入場料 ⑥ 公論
⑦ 言論 ⑧ 市立動物園
⑨ 原本 ⑩ 飮料水
⑪ 言語學

10. 土 [흙 토] 在 [있을 재]
地 [땅 지] 場 [마당 장]
堂 [집 당]

Mögliche Antworten:
坐 [앉을 좌] sitzen
圧 [누를 압] drücken

11. ㉠ 詩 (Gedicht) – 시 – 時
㉡ 訪 (besuchen) – 방 – 方
㉢ 凍 (gefrieren) – 동 – 東
㉣ 導 (leiten) – 도 – 道
㉤ 花 (Blume) – 화 – 化

Übungen zu Lektion 11

1. [관계할 관, 마음 심] [정사 정, 마을 부]
[일 사, 힘쓸 무] [다닐 행, 움직일 동]
[다스릴 치, 편안 안] [오를 등, 메 산]

2. Registrierung – 登記 / Autonomie – 自治 / Verzeichnis – 目錄 / Zollabfertigung – 通關 / Zeugenaussage – 證言 / Personalangelegenheit – 人事 / Gerichtsbeamter – 法官 / Direktor – 所長 / Minister – 長官

3. ㉠ ① / ② ㉡ ③
㉢ ③ ㉣ ① / ② / ③ / ④

4. ㉠ 공론 (öffentl. Meinung) / 공론 (leeres Gerede)
㉡ 동행 (Begleitung) / 행동 (Handlung)
㉢ 소장 (Direktor) / 장소 (Ort)
㉣ 외교 (Diplomatie) / 교외 (außerschulisch)

5. ㉠ 身分證 ㉡ 動物園
㉢ 事務所 ㉣ 運動場
㉤ 飮食店 ㉥ 理事長
㉦ 行政府 ㉧ 外交官

6. ㉠ 關係 ㉡ 人事
㉢ 勞動 ㉣ 同行
㉤ 立場 ㉥ 登錄

7. 인간대사

8. ㉠ 天文 / 樂園 / 江原道 / 場所 / 理想 / 名所
㉡ 外交官 / 敎科書 / 人間關係
㉢ 長期 / 出入國管理事務所 / 外國人登錄證

9. 대한민국 정부 (大韓民國 政府)

   입법부 (立法府) / 행정부(行政府) / 사법부 (司法府)

   국회 (國會) / 국무회의 (國務會議) / 대법원 (大法院)

   행정각부 (行政各部) / 고등법원(高等法院)

   지방법원 (地方法院)

   독립기관 (獨立機關) / 헌법재판소 (憲法裁判所)

   국가인권위원회 (國家人權委員會)

10. 力 [힘 력/역] 動 [움직일 동]
    務 [힘쓸 무] 勞 [일할 로/노]

    Mögliche Antworten:
    加 [더할 가] hinzufügen, addieren
    助 [도울 조] helfen
    努 [힘쓸 노] sich anstrengen

Übungen zu Lektion 12

1. ㉠ 파, 양, 洋 ㉡ 빵, 식, 食
   ㉢ 나물, 산, 山 ㉣ 밥솥, 전기, 電氣
   ㉤ 꾼, 농사, 農事 ㉥ 칼, 식, 食
   ㉦ 발, 족, 足 ㉧ 물, 강, 江

2. [인간 세, 대신할 대] [업 업, 지경 계]
   [요긴할 요, 바 소] [모을 집, 둥글 단]
   [쓸 용, 물건 품] [장사 사, 가게 점]

3. 業 / 用 / 務 / 品

4. Notwendigkeit – 必要 / Verwendung – 活用 / Ära – 時代 / Industrie – 産業 / Anthologie – 文集 / Geburt – 出産 / Mittelalter – 中世 / Politikwelt – 政界

5. ㉠ Politikwelt ㉡ Medienwelt
   ㉢ akad. Kreise ㉣ Schauspielwelt
   ㉤ Verlagswelt ㉥ Handelswelt
   ㉦ Industriewelt ㉧ Finanzwelt
   ㉨ relig. Kreise ㉩ Naturreich
   ㉪ Bankenwelt ㉫ Wissenschaft

6. ㉠ ② ㉡ ①
   ㉢ ① / ② ㉣ ② / ③

7. ㉠ ④ ㉡ ③ ㉢ ④
   ㉣ ⑤ ㉤ ◯

8. 1. ㉣ 2. ㉡ 3. ㉠ 4. ㉢
   5. ㉡ 6. ㉣
   1. ㉡ 2. ㉢ 3. ㉣ 4. ㉠

9. 백발백중

10. ㉠ 八道江山 / 高品 / 産物 / 水産物 / 生産
    ㉡ 現代人 / 現金 / 代身 / 活 / 活用 / 時代
    ㉢ 業務 / 集中力 / 用

11. 口 [입 구] 四 [넉 사] 國 [나라 국]
    圖 [그림 도] 園 [동산 원] 團 [둥글 단]

    Mögliche Antworten:
    因 [인할 인] herrühren von

Übungen zu Lektion 13

1. [옳을 의, 힘쓸 무] [백성 민, 주인 주]
   [아침 조, 고울 선] [평평할 평, 화할 화]
   [찰 랭/냉, 싸울 전] [홀로 독, 설 립/입]

2. 主 / 明 / 爭 / 軍

3. ㉠ Imperialismus ㉡ Demokratie
   ㉢ Kommunismus ㉣ Sozialismus
   ㉤ Humanismus ㉥ Naturalismus
   ㉦ Pazifismus ㉧ Egalitarismus
   ㉨ Konstitutionalismus ㉩ Neutralismus

4. ㉠ 先史 ㉡ 朝鮮
㉢ 原三國 ㉣ 三國
㉤ 後三國 ㉥ 朝鮮
㉦ 大韓帝國 ㉧ 現代
㉨ 朝鮮民主主義人民 ㉩ 大韓民國

5. Unabhängigkeit – 獨立 / Werktag – 平日 / Disput – 論爭 / Westeuropa – 西歐 / Besitzer – 主人 / Pflicht – 義務 / Zivilgesellschaft – 市民社會 / Nation – 國民 / Kaiserreich – 帝國

6. ㉠ ① ㉡ ②
㉢ ② ㉣ ④

7. 산전수전

8. ㉠ 人文科學 ㉡ 社會科學
㉢ 語·文學 ㉣ 自然科學
㉤ 人文科學 ㉥ 語·文學
㉦ 社會科學 ㉧ 自然科學

9. 千八百九十九年 / 帝國 / 大韓帝國 / 獨立 / 記錄 / 國 / 政府 / 朝鮮

10. 月 [달 월] 朝 [아침 조] 明 [밝을 명]

Mögliche Antworten:
有 [있을 유] vorhanden sein; besitzen
期 [기약할 기] festsetzen
望 [바랄 망] hoffen
朗 [밝을 랑/낭] heiter

Übungen zu Lektion 14

1. [볼 견, 들을 문] [비칠 영, 그림 화]
[놓을 방, 보낼 송] [나타날 현, 모양 상]
[새 신, 지을 작] [갚을 보, 길 도]

2. ㉠ 送金 ㉡ 歌手
㉢ 放學 ㉣ 畵家
㉤ 政局 ㉥ 新年

3. ㉠ 新入生 ㉡ 放送局
㉢ 動映像 ㉣ 新聞社
㉤ 通信社 ㉥ 放送社
㉦ 人物畵 ㉧ 生放送

4. 대중매체 (大衆媒體)

음성매체 (音聲媒體) / 방송 (放送) / 음반 (音盤)

활자매체 (活字媒體) / 신문 (新聞) / 도서 (圖書)

영상매체 (映像媒體) / 영화 (映畵) / 동영상 (動映像)

정보전달 (情報傳達) / 사회화 (社會化) / 오락 (娛樂)

5. ① 農場 ② 農産物
③ 放電 ④ 電子
⑤ 人物畵 ⑥ 人間關係
⑦ 發音 ⑧ 音樂界
⑨ 韓日關係 ⑩ 新聞報道
⑪ 新世界 ⑫ 民主主義
⑬ 道理 ⑭ 理事長
⑮ 社會主義 ⑯ 韓國放送公社
⑰ 團長

6. ㉠ Kor., Jap., Deu., Chin.
㉡ Kunst ㉢ Donnerstag / 5.
㉣ Freitag / 4. ㉤ Mo. u. Mi. / 5.
㉥ Film-AG

7. ㉠ ③ ㉡ ① / ② / ④
㉢ ③ ㉣ ① / ② / ③ / ④
㉤ ③ / ④ ㉥ ③
㉦ ① / ②

8. 작심삼일

9. 人 [사람 인] 休 [쉴 휴] 係 [맬 계]
代 [대신할 대] 像 [모양 상] 信 [믿을 신]
作 [지을 작]

10. 行 – 다닐 – 행 / 代 – 대신할 – 대 / 心 – 마음 – 심 / 歌 – 노래 – 가 / 萬 – 일만 – 만 / 用 – 쓸 – 용 / 場 – 마당 – 장 / 性 – 성품 – 성 / 現 – 나타날 – 현 / 面 – 낯 – 면 / 地 – 땅 – 지 / 通 – 통할 – 통 / 關 – 관계할 – 관

Übungen zu Lektion 15

1. [두 재, 날 생] [돌이킬 반, 낯 면]
   [없을 무, 낳을 산] [온전할 전, 판 국]
   [아닐 비, 법 법] [있을 유, 힘 력]

2. ㉠ 無名 ㉡ 無力
   ㉢ 不安 ㉣ 無關心
   ㉤ 無用 ㉥ 人員

3. ㉠ 下水道 ㉡ 不安感
   ㉢ 心理的 ㉣ 不動産
   ㉤ 未來像 ㉥ 會社員
   ㉦ 公務員 ㉧ 勞動者

4. ㉠ gesellschaftlich ㉡ modern
   ㉢ repräsentativ ㉣ gänzlich
   ㉤ langfristig ㉥ rechtlich
   ㉦ kollektiv ㉧ öffentlich
   ㉨ emotional ㉩ selbstständig
   ㉪ militärisch ㉫ logisch

5. ㉠ ② ㉡ ③
   ㉢ ② / ③ ㉣ ① / ② / ③
   ㉤ ① ㉥ ① / ②

6. ㉠ ② ㉡ ② ㉢ ③
   ㉣ ① ㉤ ④

7. 비일비재

8. –

9. 子 [아들 자] 學 [배울 학] 字 [글자 자]

   Mögliche Antworten:
   存 [있을 존] sein, existieren
   季 [계절 계] Jahreszeit
   孫 [손자 손] Enkel
   孤 [외로울 고] einsam; allein

Anhang

Schriftzeichen nach Radikal

一	作 L14	動 L10	國 L3	室 L5
一 L1	來 L2	務 L11	園 L10	家 L4
七 L1	信 L14	勞 L11	圖 L5	**寸**
三 L1	係 L11	**匕**	團 L12	對 L15
上 L3	像 L14	化 L6	**土**	**尸**
下 L3	**儿**	北 L8	土 L2	局 L14
不 L15	先 L4	**十**	在 L5	**山**
世 L12	**入**	十 L1	地 L8	山 L8
丨	入 L3	千 L1	堂 L10	**工**
中 L3	內 L3	半 L1	報 L14	工 L12
丶	全 L15	南 L8	場 L10	左 L 3
主 L13	**八**	**厂**	**夊**	**巾**
乙	八 L1	原 L8	夏 L9	市 L10
九 L1	公 L10	**又**	**夕**	帝 L13
亅	六 L1	反 L15	外 L3	**干**
事 L11	**冂**	**口**	**大**	平 L13
二	再 L15	口 L3	大 L5	年 L2
二 L1	**冫**	史 L6	天 L8	**广**
五 L1	冬 L9	右 L3	**女**	店 L10
亞 L13	冷 L9	同 L4	女 L4	府 L11
亠	**凵**	名 L4	**子**	**彳**
交 L10	出 L3	和 L13	子 L4	後 L3
人 [亻]	**刀 [刂]**	品 L12	字 L6	**心 [忄, 小]**
人 L1	分 L2	員 L15	學 L5	心 L7
以 L3	前 L3	商 L12	**宀**	必 L12
代 L12	**力**	**囗**	安 L11	性 L4
休 L5	力 L7	四 L1	官 L11	情 L7

感 L7	曜 L2	**氏**	現 L12	**立**
想 L7	**曰**	民 L13	**生**	立 L10
戈	書 L5	**气**	生 L4	**竹**
戰 L13	最 L15	氣 L9	產 L12	第 L15
戶	會 L5	**水 [氵]**	**用**	等 L5
所 L11	**月**	水 L2	用 L12	**羊 [⺶]**
手 [扌]	月 L2	江 L8	**田**	美 L8
手 L7	有 L15	法 L6	男 L4	義 L13
攴 [攵]	期 L9	治 L11	界 L12	**老 [耂]**
放 L14	朝 L13	活 L7	畫 L14	者 L15
政 L11	**木**	洋 L8	**癶**	**耳**
教 L5	木 L2	海 L8	登 L11	聞 L14
文	未 L15	溫 L9	發 L7	**自**
文 L5	本 L2	漢 L6	**白**	自 L9
斗	東 L8	**火 [灬]**	百 L1	**艸 [艹]**
料 L10	校 L5	火 L2	的 L15	萬 L1
斤	業 L12	無 L15	**目**	**虍**
新 L14	樂 L6	然 L9	目 L7	號 L15
方	**欠**	**爪**	**示 [礻]**	**行**
方 L8	歌 L14	爭 L13	社 L6	行 L11
族 L4	歐 L13	**父**	祖 L4	**衣 [衤]**
日	**止**	父 L4	**禾**	表 L7
日 L2	歷 L6	**牛**	私 L10	**襾**
明 L13	**歹**	物 L6	科 L5	西 L8
春 L9	死 L4	**犬 [犭]**	秋 L9	要 L12
映 L14	**毋**	獨 L13	**穴**	**見**
時 L2	母 L4	**玉 [王]**	空 L9	見 L7
暴 L9	每 L2	理 L6		覺 L7

言	**車**	**長 [镸]**	**非**	飲 L10
言 L6	軍 L13	長 L4	非 L15	館 L5
記 L6	**辰**	**門**	**面**	**骨**
話 L14	農 L12	門 L3	面 L14	體 L7
說 L14	**辵 [辶]**	間 L2	**韋**	**高**
語 L6	送 L14	關 L11	韓 L8	高 L5
論 L6	通 L10	**隹**	**音**	**魚**
證 L11	道 L8	集 L12	音 L6	鮮 L13
足 [⻊]	運 L10	**雨**	**風**	
足 L7	**金**	雨 L9	風 L9	
身	金 L2	電 L9	**食 [飠]**	
身 L7	錄 L11		食 L10	

Schriftzeichen nach Lesung

- ㄱ -	關 L11	내	도	론
가	館 L5	來 L2	圖 L5	論 L6
家 L4	교	內 L3	道 L8	료
歌 L14	交 L10	냉	독	料 L10
각	敎 L5	冷 L9	獨 L13	륙
覺 L7	校 L5	녀	동	六 L1
간	구	女 L4	冬 L9	리
間 L2	九 L1	년	動 L10	理 L6
감	口 L3	年 L2	同 L4	립
感 L7	歐 L13	노	東 L8	立 L10
강	국	勞 L11	등	- ㅁ -
江 L8	國 L3	녹	登 L11	만
견	局 L14	錄 L11	等 L5	萬 L1
見 L7	군	논	- ㄹ -	매
계	軍 L13	論 L6	락	每 L2
係 L11	금	농	樂 L6	면
界 L12	金 L2	農 L12	래	面 L14
고	기	- ㄷ -	來 L2	명
高 L5	期 L9	단	랭	名 L4
공	氣 L9	團 L12	冷 L9	明 L13
公 L10	記 L6	당	력	모
工 L12	- ㄴ -	堂 L10	力 L 7	母 L4
空 L9	낙	대	歷 L6	목
과	樂 L6	代 L12	로	木 L2
科 L5	남	大 L5	勞 L11	目 L7
관	南 L8	對 L15	록	무
官 L11	男 L4		錄 L11	務 L11

Schriftzeichen nach Gesamtstrichzahl

- 1 -	公 L10	右 L3	年 L2	性 L4
一 L1	六 L1	四 L1	有 L15	所 L11
- 2 -	分 L2	外 L3	死 L4	放 L14
七 L1	化 L6	左 L3	江 L8	明 L13
九 L1	反 L15	市 L10	百 L1	東 L8
二 L1	天 L8	平 L13	自 L9	法 L6
人 L1	心 L7	必 L12	行 L11	治 L11
入 L3	手 L7	未 L15	西 L8	爭 L13
八 L1	文 L5	本 L2	**- 7 -**	物 L6
力 L7	方 L8	母 L4	作 L14	的 L15
十 L1	日 L2	民 L13	冷 L9	社 L6
- 3 -	月 L2	生 L4	局 L14	空 L9
三 L1	木 L2	用 L12	每 L2	表 L7
上 L3	水 L2	目 L7	男 L4	金 L2
下 L3	火 L2	立 L10	私 L10	長 L4
千 L1	父 L4	**- 6 -**	見 L7	雨 L9
口 L3	**- 5 -**	交 L10	言 L6	非 L15
土 L2	世 L12	休 L5	足 L7	**- 9 -**
大 L5	中 L3	先 L4	身 L7	信 L14
女 L4	主 L13	全 L15	**- 8 -**	係 L11
子 L4	以 L3	再 L15	事 L11	前 L3
山 L8	代 L12	同 L4	亞 L13	南 L8
工 L12	冬 L9	名 L4	來 L2	品 L12
- 4 -	出 L3	在 L5	和 L13	室 L5
不 L15	北 L8	地 L8	官 L11	帝 L13
五 L1	半 L1	字 L6	店 L10	後 L3
內 L3	史 L6	安 L11	府 L11	政 L11

春 L9
映 L14
活 L7
洋 L8
界 L12
科 L5
秋 L9
美 L8
者 L15
要 L12
軍 L13
面 L14
音 L6
風 L9
食 L10

- 10 -

原 L8
員 L15
夏 L9
家 L4
料 L10
時 L2
書 L5
校 L5
氣 L9
海 L8
祖 L4
記 L6
送 L14
高 L5

- 11 -

動 L10
務 L11
商 L12
國 L3
堂 L10
情 L7
教 L5
族 L14
理 L6
現 L12
産 L12
第 L15
通 L10

- 12 -

勞 L11
報 L14
場 L10
最 L15
期 L9
朝 L13
無 L15
然 L9
登 L11
發 L7
等 L5
門 L3
間 L2
集 L12

- 13 -

園 L10
感 L7
想 L7
新 L14
會 L5
業 L12
溫 L9
畫 L14
義 L13
萬 L1
號 L15
話 L14
農 L12
道 L8
運 L10
電 L9
飲 L10

- 14 -

像 L14
圖 L5
團 L12
對 L15
歌 L14
漢 L6
聞 L14
說 L14
語 L6

- 15 -

暴 L9
樂 L6
歐 L13
論 L6

- 16 -

學 L5
戰 L13
歷 L6
獨 L13
錄 L11

- 17 -

韓 L8
館 L5
鮮 L13

- 18 -

曜 L2

- 19 -

證 L11
關 L11

- 20 -

覺 L7

- 23 -

體 L7

Alle Hanja des Buches auf einen Blick

一	二	三	四	五
六	七	八	九	十
百	千	萬	人	半
日	曜	月	火	水
木	金	土	年	時
分	間	每	來	本
以	內	外	國	入
出	口	前	後	門
上	下	中	左	右
母	父	同	生	女
男	子	性	祖	先
家	族	長	名	死

學 校 大 休 在
高 等 文 會 圖
書 館 室 教 科

語 言 漢 字 論
理 物 化 史 歷
記 音 樂 法 社

身 體 力 手 活
心 目 見 發 足
感 情 表 想 覺

地 方 東 北 西
南 洋 海 韓 美
江 山 天 道 原

期	春	夏	秋	冬
氣	空	風	雨	暴
電	然	自	溫	冷
市	場	食	堂	飲
店	動	運	通	交
料	公	園	立	私
政	行	府	治	安
登	錄	證	關	係
事	務	勞	官	所
產	業	商	工	農
用	品	要	必	集
團	世	界	代	現

朝	鮮	明	民	主
義	帝	戰	爭	軍
平	和	亞	歐	獨
放	送	局	映	像
畫	面	新	聞	報
說	信	話	作	歌
第	號	最	再	有
無	不	非	未	反
對	全	者	員	的

Kopiervorlage